Grand livre de la Cuisine des poissons, fruits de mer et crustacés

GRAND LIVRE

de la

CUISINE

des poissons,
fruits de mer et crustacés

Vincent Allard

GRAND LIVRE *de la* CUISINE

des poissons, fruits de mer et crustacés

ÉDITIONS DE VECCHI S.A.
52, rue Montmartre
75002 PARIS

Malgré l'attention portée à la rédaction de cet ouvrage, l'auteur ou son éditeur ne peuvent assumer une quelconque responsabilité du fait des informations proposées (formules, recettes, techniques, etc.) dans le texte. Il est conseillé, selon les problèmes spécifiques – et souvent uniques – de chaque lecteur, de prendre l'avis de personnes qualifiées pour obtenir les renseignements les plus complets, les plus précis et les plus actuels possible.

Je dédie cet ouvrage
à mes parents et à « Mamie Blanche » sans qui je n'aurais probablement
pas développé à ce point mon goût pour le beau et le bon ;
à mes quatre enfants, en espérant qu'ils sachent tirer la quintessence de la vie chaque jour qui passe ;
à Stéphan et Christelle, pour leur précieuse collaboration ;
à Serge, inspirateur zélé et complice dans l'âme ;
enfin, à toute l'équipe éditoriale pour son immense patience.

Les textes de cet ouvrage sont le fruit de la collaboration rédactionnelle de Vincent Allard et de Stéphan Vecchio qui ont œuvré de concert pour rassembler plus de deux cents recettes

Les recettes suivies d'un astérisque ont été traduites de l'italien par Céline Vielfaure

Photos de couverture : en haut © Studio Novak - Milan ; en bas © Charles Brossard/L'eau à la bouche

Photos de l'intérieur : © L'eau à la bouche, sauf celles des pages 6, 25, 26, 34, 39, 43, 53, 63, 79, 82, 84, 85, 90, 107, 117, 118, 120, 132, 144, 150, 151, 154, 158, 163, 165, 166 en bas, 167, 168, 169, 170, 171, 177, 183 © Studio Novak – Milan

SOMMAIRE

PRÉFACE

C'est avec un grand plaisir que j'ai accepté de partager avec Vincent Allard l'aventure culinaire du *Grand livre de la cuisine des poissons, fruits de mer et crustacés* et ce pour trois raisons.
Tout d'abord parce que rien n'est plus passionnant pour un chef que de partager son savoir, soit en vous le servant dans l'assiette, soit en vous le proposant dans un livre, une émission TV, à la radio ou dans la presse. Le savoir est fait pour être transmis.
Ensuite parce que cuisiner la mer c'est, pour moi, chaque fois un peu plus une fête.
Quelle cuisine offre autant de possibilités, d'innovations, de mariages, que celle des poissons et fruits de mer ? Des recettes les plus simples aux plus compliquées.
Enfin, parce que pour moi, Normand par naissance et par sentiments, mais aussi voyageur par passion (du Tonkin au Mexique), la cuisine est un véhicule de communication exceptionnel. Une sauce au beurre normand avec des épices sud-américaines… c'est possible. Et c'est souvent un grand bonheur !

En cuisine, un maître mot : la fraîcheur. Le premier devoir d'un cuisinier c'est, au petit matin, d'arpenter les allées des halles et marchés pour choisir ses produits.
Pour vous aussi, savoir choisir est une obligation. N'hésitez pas à déambuler sur les marchés. Questionnez-vous : Quels produits sélectionner ? Quel budget dépenser ? Quel est l'objet du repas ? Regardez bien l'étal du poissonnier. Il n'y a pas que le maquereau (savez-vous qu'il offre d'ailleurs d'infinies possibilités ?) ou le saumon (devenu un incontournable de nos repas de fêtes).

La lotte, le thon, la morue (n'ignorez jamais une brandade ; ce n'est pas qu'un plat de carême), la sardine (ah ! la sardine, quel plaisir !), le rouget, les bulots (ils méritent à être connus), les huîtres (oui, mais lesquelles ?), les coquilles Saint-Jacques, l'espadon, la perche, les oursins, les gambas, les anchois… s'offrent à vos talents.

Hésiter, ce n'est pas du temps perdu, c'est une voie de sagesse. Alors, utilisez patiemment votre temps. Fermez les yeux. Qu'avez-vous vu sur l'étal du maraîcher ? Du fenouil (oui, du fenouil confit !), des carottes, des piments, des navets (ouah ! quelle saveur !), des courgettes, des tomates… Rouvrez les yeux. N'y a-t-il pas un mariage à réussir ? Faites maintenant votre choix !

On peut cuisiner à bon marché. On n'est d'ailleurs pas obligé de dépenser pour réussir une cuisine savoureuse et festive. Cuisiner, n'est-ce d'ailleurs pas « l'art » le plus démocratique qui soit ? Tout le monde y a accès. Certains deviendront des géants, d'autres prendront tout simplement un moment de bonheur. Dans l'art culinaire, il faut, avant toute chose, avoir le goût des produits frais. Quelques haricots verts, du sésame, une sole, de la crème et vogue la galère. Voilà un plat de la mer léger et tonique.

Un autre message se dégage du livre de Vincent Allard : le plaisir. Celui de vivre la mer et ses produits, mais aussi celui du partage, de l'échange. La table est un lieu de rencontre. D'expérience, j'ai souvent constaté qu'une assiette réussie, si elle n'est pas à chaque fois un sujet de conversation, aide très souvent à dialoguer avec plus de conviction et de liberté.

Avec ce livre, j'espère que vous découvrirez des saveurs (crème de sésame, saumon en croûte, ou beurre à l'anis…), je souhaite que vous réalisiez une cuisine maritime simple au bon rapport qualité/prix, j'aimerais enfin que le curieux qui sommeille en vous souhaite aller plus loin dans la recherche de nos racines. Et la cuisine est une de nos racines culturelles la plus ancestrale qui soit.

Beaucoup de bonheur à vous tous, que ce soit en cuisinant les recettes de Vincent Allard ou en les savourant… tout simplement.

André Berrurier
Chef du *Bouillon normand* de Honfleur

Introduction

Réaliser un livre de recettes de cuisine est toujours un peu une gageure. Il n'y a pas, en la matière, de savoir absolu ni de goût uniforme. La diversité des ingrédients et des techniques à disposition est telle que tout est envisageable et réalisable, du plus simple au plus sophistiqué. Tout est question de temps, de moyens et, par-dessus tout, affaire de goût. Disponibles toute l'année, compte tenu notamment de l'efficacité des moyens de distribution, les produits de la mer constituent une matière première particulièrement intéressante. J'espère donc que le lecteur trouvera ici plutôt une source d'inspiration pour ses propres réalisations qu'une mise en œuvre rigoureuse et systématique de principes invariables. C'est un peu comme en musique où, au-delà de la partition (fût-elle écrite par un grand chef), l'interprète a toujours le dernier mot, car c'est de lui que dépend le résultat final. Chacun est donc maître à ses fourneaux et sera finalement le grand artisan de ses propres réussites : véritables chefs-d'œuvre ou simples instants de bonheur, tout aussi importants. (Laissons les échecs de côté : il y en a parfois, on en tire les leçons puis on s'empresse d'en oublier l'aspect désagréable.) La cuisine est une occupation pour le moins alimentaire, mais elle offre des plaisirs multiples. Celui de créer, de découvrir, d'étonner, mais aussi de partager. Quoi de plus convivial en effet qu'une assiette réussie arrivant sur la table ? Source de convergence des regards, parfois sujet de conversation, elle permet souvent d'instaurer un moment de sérénité dans les rapports sociaux. Vue sous cet angle, elle ne peut donc se concevoir sans générosité (celle du cœur est la plus importante). Cela ne veut pas dire pour autant qu'elle soit dispendieuse. On réalise parfois des choses stupéfiantes de qualité avec des moyens limités… Sans compter qu'il y a aussi l'art d'accommoder les restes : tout un programme là encore !

Nous parlions de convivialité ; la cuisine est également source d'échange. Chaque cuisinier a ses trucs, ses tours de main, ses fournisseurs attitrés. D'expérience, peu en sont jaloux jusqu'à refuser de les divulguer. La grande majorité a compris depuis longtemps qu'il y avait beaucoup de bénéfices à tirer du partage mutuel de connaissances. Pour cet ouvrage, j'ai eu le bonheur de collaborer activement avec Stéphan Vecchio, véritable professionnel de la cuisine (contrairement à moi qui ne suis qu'un amateur éclairé). Rencontré au hasard des détours de l'existence, nous avons une passion commune : la cuisine, et nous espérons bien vous la communiquer si vous ne la possédez pas déjà ! Vous avez une mauvaise idée du poisson en général ? C'est plein d'arêtes ? Ça a toujours le même goût ? C'est compliqué à préparer ? Vous en êtes sûr ?… Vous avez tort ! Lisez ce qui suit, piochez allègrement des idées, salivez d'avance et jetez vos préjugés au feu… Maintenant, c'est à vous de jouer : offrez-vous, et servez aux autres des moments de bonheur inoubliables !

L'achat et la conservation

Crevettes et gambas

Les acheter : on les trouve crues ou cuites (elles sont alors orange). Elles doivent dégager une odeur agréable, et les carapaces doivent être fermes et intactes. Éliminer sans pitié tout sujet flasque ou visqueux. Les crevettes grises ou roses sont le plus souvent vendues cuites (cuisson à l'eau de mer sur le lieu de pêche). Leur queue doit être bien repliée.

Les conserver : dès l'achat, passer rapidement sous l'eau courante (qu'elles soient crues ou cuites). Égoutter puis décortiquer et ranger à l'abri de l'air dans une boîte hermétique ou sur une assiette recouverte d'un film alimentaire. Conserver au réfrigérateur 3 jours au maximum.

Langoustines

Les acheter : très fragiles, elles ne survivent pas à leur sortie de l'eau. On les trouve donc généralement commercialisées sur de la glace pilée. Elles ne doivent dégager aucune odeur et la tête doit être bien attachée au reste du corps.

Les conserver : dès l'achat, passer rapidement sous l'eau courante (qu'elles soient crues ou cuites). Égoutter puis décortiquer et ranger à l'abri de l'air dans une boîte hermétique ou sur une assiette recouverte d'un film alimentaire. Conserver au réfrigérateur 3 jours au maximum.

Homard, langouste, crabe, cigale de mer...

Les acheter : on les trouve déjà cuits (de couleur orangée. Bien vérifier les jointures qui ne doivent pas présenter de parties noires), mais aussi crus et vivants. Dans ce cas, les coquilles doivent, là encore, être intactes et le produit dégager une agréable odeur marine. Choisir les individus les plus vifs. À taille égale, plus ils sont lourds plus ils sont pleins. Pour les tuer, proscrire l'immersion à l'eau bouillante qui provoque un durcissement de la chair et fendille les pinces. Préférer les mettre 2 heures au congélateur – mais pas plus – ou les noyer dans l'eau douce.

Les conserver : dès l'achat, passer rapidement sous l'eau courante (qu'ils soient crus ou cuits). Égoutter puis décortiquer et ranger à l'abri de l'air dans une boîte hermétique ou sur une assiette recouverte d'un film alimentaire. Conserver au réfrigérateur 3 jours au maximum.

Coquillages

Les acheter : ils doivent être bien fermés et dégager une agréable odeur de marée. Attention, aucun coquillage ne peut être consommé, même cuit, s'il n'a pas été préparé vivant !

Les conserver : ne surtout pas congeler ! Disposer une passoire dans un saladier légèrement plus grand, puis y mettre les coquillages et recouvrir d'un linge humide. Placer dans la partie la plus froide du réfrigérateur (en bas généralement) et garder 3 jours au maximum.

CALAMARS, SEICHES ET POULPES

Les acheter : fuir ceux à peau sombre violacée.

Les conserver : dès l'achat, passer rapidement sous l'eau courante. Égoutter puis ranger à l'abri de l'air dans une boîte hermétique ou sur une assiette recouverte d'un film alimentaire. Conserver au réfrigérateur 3 jours au maximum.

POISSONS ENTIERS

Les acheter : l'odeur marine doit être agréable ; les yeux doivent être vifs et légèrement protubérants, avec des pupilles bien noires, les ouïes rouge vif ou rosées (mais pas brunâtres) et la peau brillante avec des écailles serrées bien adhérentes.

Les conserver : écailler puis éviscérer (si le poissonnier ne l'a pas fait pour vous). Bien rincer sous l'eau (ôter toute trace de sang). Égoutter puis bien essuyer avec du papier absorbant. Placer dans un sac plastique ou sur une assiette recouverte de film alimentaire, à l'abri de l'air. Conserver au réfrigérateur 3 jours au maximum.

DARNES ET FILETS DE POISSON

Les acheter : la chair doit dégager une odeur marine agréable, être ferme et légèrement brillante ou nacrée.

Les conserver : passer rapidement sous l'eau froide courante puis égoutter et éponger avec du papier absorbant. Placer dans un sac plastique ou sur une assiette recouverte de film alimentaire, à l'abri de l'air. Conserver au réfrigérateur 3 jours au maximum.

POISSONS SALÉS ET FUMÉS

Les acheter : la chair doit dégager une odeur agréable, être ferme et non collante.

Les conserver : placer dans un sac plastique ou emballer dans du papier aluminium, à l'abri de l'air. Conserver au réfrigérateur 5 jours au maximum.

Notions de base

Apprêter des calamars : tirer la tête et les viscères puis enlever la plume transparente du corps. Trancher les tentacules juste devant les yeux puis jeter le reste de la tête. Couper les nageoires triangulaires puis ôter la peau en tirant dessus (après avoir passé les doigts dans du sel fin). Rincer soigneusement l'ensemble sous l'eau froide.

Apprêter des coques et des palourdes : dans le commerce, on les trouve généralement sans sable (dans le cas contraire, procéder comme pour les moules). Il suffit alors de les brosser sous l'eau froide.

Apprêter des crustacés de petite taille : se contenter de les rincer sous l'eau courante pour éliminer toute trace éventuelle de vase ou de glace pilée.

Apprêter des moules : les débarrasser du byssus (leur barbe qui s'échappe par l'interstice entre les deux valves) puis les brosser sous l'eau froide. Dans le cas de moules risquant d'être sableuses, les faire tremper dans de l'eau froide légèrement salée pendant quelques heures en remuant de temps en temps.

Apprêter des poulpes : trancher entre la tête et les tentacules (juste devant les yeux). Ôter le bec en poussant avec le doigt au centre des tentacules et le jeter (normalement, il s'extrait sans difficulté). Couper ensuite les yeux et les éliminer puis retirer la peau de la tête. Rincer soigneusement l'ensemble sous l'eau froide.

Apprêter des seiches : de la tête à la queue, fendre le dos avec un couteau bien aiguisé en se guidant sur l'os. Détacher la tête du reste du corps puis retirer l'os ovale. Enlever ensuite délicatement la poche à encre sans la crever (la réserver éventuellement pour un usage ultérieur) et ôter la peau en tirant dessus (après avoir passé les doigts dans du sel fin).

Couper en darnes : cette opération consiste à réaliser des tranches de 2 à 3 cm d'épaisseur.

Couper en tronçons : les poissons ronds sont tranchés en biais avec un couteau bien aiguisé pour obtenir des surfaces plus importantes de chair.

Décortiquer des crevettes ou des gambas : qu'elles soient cuites ou non, la méthode reste identique. Tenir fermement la tête puis tourner le corps pour l'ôter. Glisser ensuite son pouce sous le dessous entre les pattes. Pincer avec le pouce et l'index et retirer les pattes et les anneaux de carapace. Casser ensuite les deux extrémités de la queue (si on ne désire pas la conserver pour des besoins esthétiques), puis dégager la chair en un seul morceau.
Enlever enfin la veine centrale peu appétissante.

Dépouiller un poisson plat : pratiquer une incision près de la queue avec un couteau bien aiguisé. Passer les doigts dans du sel fin puis tenir fermement le poisson par la queue. Tirer progressivement la peau vers la tête.

Écailler un poisson : tenir le poisson par la queue puis, avec un couteau peu tranchant, racler les écailles à contresens de leur implantation (de la queue vers la tête). Pour éviter de projeter des écailles partout, il est possible de procéder à l'abri d'un sac en plastique transparent.

Habiller un poisson : vider le poisson puis lui trancher la tête. Prolonger l'ouverture du ventre jusqu'à la queue puis entailler la chair de chaque côté de l'arête dorsale de manière à pouvoir ouvrir complètement le poisson. L'étaler alors, grand ouvert, et couper l'arête dorsale (éventuellement avec des ciseaux) pour la dégager. Enlever ensuite les arêtes latérales avec un couteau.

Lever les filets d'un poisson épais : avec un couteau parfaitement aiguisé, entailler profondément le poisson (jusqu'à l'arête) au niveau de la première nageoire. Puis détacher le filet en coupant le long de l'arête (par petits coups) de la tête vers la queue. Inciser ensuite le filet à l'extrémité de la queue et tirer sur la peau (après avoir passé les doigts dans du sel fin) en coupant au fur et à mesure (le couteau doit rester bien parallèle à la chair et racler la peau sans toutefois l'entailler).

Lever les filets d'un poisson plat : inciser de la tête à la queue, le long de l'arête dorsale, avec la pointe d'un couteau bien aiguisé. Glisser ensuite délicatement la lame entre le filet et les arêtes latérales et dégager le filet. Procéder comme au paragraphe précédent pour retirer la peau.
Noter que, pour la sole, il convient d'inciser également sur les bords pour dégager les filets.

Ouvrir des coquilles Saint-Jacques : tenir la coquille face bombée en dessous puis glisser la lame d'un couteau entre les deux coquilles en suivant la face intérieure du couvercle pour décoller la noix qui y adhère. Extraire la noix et ôter les parties non comestibles. Bien rincer à l'eau froide courante puis éponger avec du papier absorbant.

Ouvrir des huîtres : tenir fermement dans la main, charnière orientée vers soi, partie creuse en dessous. Insérer la pointe d'un couteau à huître dans l'interstice du bivalve et ouvrir la coquille d'un mouvement circulaire de la lame. Sectionner le ligament pour retirer la coquille supérieure. Tenir bien à plat pour éviter de perdre tout le liquide et éliminer les éventuels éclats de coquille. Détacher alors l'huître de la coquille inférieure.

Ouvrir des oursins : perforer le centre du haut de l'oursin avec des ciseaux pointus puis couper tout autour. Détacher le chapeau ainsi réalisé.

Préparer une langouste ou un homard cuits : disposer sur le dos, pattes en l'air, et trancher avec un couteau bien aiguisé de la tête vers la queue. Détacher les deux moitiés puis enlever les ouïes et la veine grise qui court tout le long du dos. Retirer le sac pierreux qui se trouve entre les yeux. Enfin, ne conserver le foie (de couleur gris-vert et de consistance crémeuse) que si l'on envisage de s'en servir pour confectionner une sauce. Pour finir, désolidariser la chair de la coque en glissant les doigts entre eux à partir de la queue.

Retirer la chair d'un crabe : s'il est vivant, la meilleure méthode pour le tuer (enfin, celle qui paraît la moins cruelle) consiste à le mettre 2 heures au congélateur (c'est radical, tout en limitant le stress de l'animal… et le vôtre). Quoi qu'il en soit, cru ou cuit, la technique à appliquer est la même pour extraire la chair. Tenir fermement le crabe sur le dos puis passer une forte lame de couteau sous la carapace et soulever. Éliminer les ouïes blanches. Couper le corps en morceaux et sortir la chair du plastron avec les doigts. Pour les pattes et les pinces, qu'il convient de casser sans abîmer la chair, utiliser des pinces métalliques et un maillet.

Vider un poisson : inciser le ventre des nageoires anales jusqu'à la tête puis enlever les viscères sans oublier de retirer la peau noire qui reste souvent collée.

Techniques de cuisson

À la vapeur

Cette méthode de cuisson traditionnelle a la « cote » depuis longtemps puisque les Chinois l'utilisent depuis six mille ans. Plus près de nous, des considérations diététiques, sinon de goût (voire de mode), ont propulsé l'usage de la vapeur sur le devant de la scène. Son côté simple et créatif constitue également un atout (tout l'art consiste à marier savamment les parfums et les goûts).
Côté technique, le procédé se résume à mettre en présence les aliments à cuire (disposés dans un panier perforé) et une certaine quantité de vapeur (générée par de l'eau en ébullition sous le panier précédent mais sans contact direct). Le moyen le plus simple consiste à utiliser un faitout cuit-vapeur ou un couscoussier, mais, pour un usage occasionnel, une grande casserole et un panier métallique feront très bien l'affaire. À ce propos, noter qu'une « marguerite », ustensile particulièrement futé en Inox perforé, muni de pieds et qui s'ouvre comme une fleur pour s'adapter à divers diamètres de casseroles, pourra vous rendre de grands services. L'usage de l'autocuiseur (la fameuse Cocotte-Minute) n'est pas interdit mais, pour une touche d'exotisme, vous préférerez certainement un wok avec tamis vapeur et couvercle, ou des paniers en bambou superposables. Quant aux adeptes de la technologie, ils se rabattront avec bonheur sur un cuit-vapeur électrique.

À l'étuvée

Le procédé consiste à cuire hermétiquement à couvert de sorte que les aliments (poissons ou fruits de mer) cuisent à la chaleur dans leur propre suc ou leur eau.
C'est également valable pour les légumes et les aromates qui les accompagnent éventuellement.

Frit

Il faut utiliser une grande quantité de matière grasse (généralement de l'huile) portée à une température élevée. L'huile d'arachide et l'huile d'olive emportent la majorité des suffrages car elles supportent bien le traitement qui leur est imposé et ont l'avantage de ne pas générer de fumée lorsqu'elles sont chauffées normalement. Pour des fritures de qualité, il faut prendre garde à bien sécher les aliments cuits de la sorte. Il est, en outre, préférable de les enrober de pâte à beignets ou de les fariner avant de les plonger dans l'huile chaude. Dans le même ordre d'idée, penser qu'un bain de friture n'a pas une durée de vie illimitée. Pour des raisons de toxicité mais aussi simplement de goût, il est recommandé de le renouveler très régulièrement.

Braisé

L'opération consiste ici à cuire lentement dans un fond de liquide (généralement à mi-hauteur). Le récipient utilisé doit être suffisamment ajusté à la taille de l'élément à cuire pour que le mouillement ne soit pas trop abondant et ne transforme le braisage en pochage.

Poché

Il s'agit d'une cuisson dans un volume important de liquide maintenu à frémissement. La température revêt ici un caractère primordial car quelques degrés en plus ou en moins bouleversent l'opération. Un poisson entier sera poché en démarrant à froid pour éviter un rétrécissement brutal des chairs s'il était plongé directement dans le liquide chaud. Par contre, des morceaux de poisson (notamment les darnes) seront pochés à chaud pour provoquer un phénomène de coagulation destiné à empêcher les sucs de s'échapper (dans le cas contraire, on risquerait d'obtenir un poisson sans saveur avec une chair desséchée). La constitution du liquide peut varier considérablement d'une recette à l'autre, mais il importe qu'il ait lui-même déjà cuit au moins 15 minutes si on souhaite transférer ses propres saveurs à l'élément à pocher.

Grillé

C'est le principe même du barbecue où l'élément à cuire est placé sur une grille puis mis sur la braise. L'alternative est constituée par l'usage d'un gril en fonte posé sur une source de chaleur intense ou par le grilloir équipant la partie supérieure de la majorité des fours, émettant, quant à lui, un rayonnement infrarouge important.

Rôti

Il s'agit d'une cuisson à chaleur sèche. L'élément à cuire ne doit entrer en contact ni avec du liquide, ni avec une flamme directe.

À l'unilatérale

Cette expression signifie que l'on cuit un seul côté d'un filet de poisson sur sa peau, dans une poêle avec un peu de matière grasse.

En papillote

Le choix du support est primordial et s'effectue en fonction du mode de cuisson et de l'effet visuel ou gustatif recherché. On peut ainsi utiliser différents papiers et films (papier sulfurisé, papier aluminium, film étirable), des croûtes non comestibles (sel, argile) et d'autres qui le sont (pâte feuilletée ou brisée notamment), des préparations à base d'amidon (crêpes, blinis, feuilles de riz, de brick ou de phyllo), des vessies (celle de porc en particulier), de fines tranches de poisson, des feuillages comestibles (laitue, blette, épinard, choux, vigne) et d'autres qui ne le sont pas (bananier, maïs). Quel que soit le matériau retenu, le principe de la papillote repose sur la constitution d'une carapace autour des ingrédients à cuire. Parfaitement étanche, celle-ci permettra de retenir et de concentrer les arômes et de maintenir une humidité propice à une cuisson homogène. Le mode de cuisson varie, quant à lui, selon la nature du support mais aussi celle des aliments contenus et de leur taille. Généralement, les papillotes en aluminium et papier sulfurisé seront cuites à la chaleur sèche du four, celles en feuilles végétales à la vapeur, celles en vessie au bain-marie dans le four et celles à base de feuilles de brick ou de riz dans de la matière grasse.
D'un point de vue technique :

• **Papillote en papier aluminium :** tailler une forme suffisamment grande en fonction des dimensions des aliments à cuire. Amorcer le pliage en deux et beurrer la moitié de la feuille. Garnir au droit de la pliure sur la partie beurrée. Rabattre la feuille sur elle-même et fermer soigneusement les 3 côtés libres en plusieurs plis successifs de 1 cm de large en commençant par les extrémités. Prendre garde à ne pas déchirer lors du transfert pour cuisson.

• **Papillote en papier sulfurisé :** là encore, découper une forme suffisamment grande en fonction de la taille du contenu. Huiler complètement une face puis retourner et beurrer l'autre face et garnir. Badigeonner les bords avec du blanc d'œuf et plier hermétiquement sur le modèle précédent.
Note : pour les deux procédés ci-dessus, garder à l'esprit qu'une papillote trop petite ou enserrant trop son contenu l'empêche de gonfler sous l'effet de la vapeur générée par la cuisson, ce qui va à l'encontre de l'effet recherché.

• Papillote en feuillage : après avoir bien lavé les feuilles, il faut les blanchir fortement à l'eau bouillante puis les tremper dans l'eau glacée pour fixer leur couleur verte. Les maintenir avec une petite pique en bois ou un brin de ciboulette.

• Papillote en feuille de riz : tremper chaque feuille de riz dans de l'eau froide puis étaler sur un linge humide. Pour plus de résistance à la cuisson, il est possible de doubler l'épaisseur en utilisant deux feuilles à la fois. Garnir la moitié haute avec la farce en réservant un bord de 1 cm pour faciliter le pliage. Rabattre les côtés gauche et droit vers le centre puis enrouler du haut vers le bas en tirant légèrement dans le sens inverse pour bien maintenir le contenu. Cuire à la vapeur ou faire frire.

• Croûte de sel : réalisée avec une pâte à base de gros sel, de farine, de blanc d'œuf et d'eau, elle a pour propriété principale de ne recourir à aucun corps gras (cuisson diététique) et de se solidifier à la chaleur. Pendant la cuisson, elle retient bien la vapeur d'eau et communique une saveur douce très légèrement salée aux aliments qu'elle emprisonne (attention donc à limiter l'assaisonnement initial de la préparation).

Façon marinière

C'est la manière de cuire les coquillages à la façon des pêcheurs, c'est-à-dire préparés dans leur jus, avec des échalotes, du persil et du vin blanc.

Au four à micro-ondes

Certains puristes lèveront les yeux au ciel en voyant ce paragraphe…

Hérésie au pays de la gastronomie ? Pas du tout. Reste que, comme n'importe quelle technologie, elle doit être maîtrisée et utilisée avec bon sens, voire intelligence. L'avantage majeur réside dans sa rapidité et ses propriétés diététiques (il n'y a pas besoin d'utiliser de corps gras pour la cuisson notamment). Le principe physique consiste à créer un phénomène d'excitation des molécules d'eau contenues dans les aliments à cuire (à leur niveau atomique), lequel entraîne une élévation de température homogène (externe et interne).
Compte tenu de la puissance du procédé (il n'y a pas de déperdition calorique), il est important de bien calculer le temps de cuisson et d'en vérifier les effets (la chair d'un poisson cuit devient blanche et opaque).
Quelques conseils simples pour profiter au mieux de cette technique :
– couvrir la préparation pour limiter le phénomène d'évaporation ;
– ne disposer les aliments à cuire que sur une seule épaisseur, la plus régulière possible ;
– percer les yeux des poissons (l'eau qu'ils contiennent les ferait éclater) ;
– couvrir la queue des poissons (beaucoup moins épaisse que le reste du corps) d'un papier sulfurisé légèrement graissé pendant la moitié de la cuisson ;
– inciser profondément les pièces les plus épaisses ;
– laisser reposer quelques instants après la fin de la cuisson avant de manipuler ;
– l'intensité de la cuisson est généralement la plus forte en périphérie du plateau tournant (disposer les aliments à cuire en conséquence : parties les moins épaisses au centre) ;
– compter (dans la plupart des cas) 3 minutes de cuisson à pleine puissance pour un poisson entier, le même temps mais à puissance inférieure pour des darnes ou des filets.

D'UN POINT DE VUE DIÉTÉTIQUE

POISSON

Le poisson constitue une source alimentaire de qualité. Il apporte en moyenne 15 à 20 g de protéines pour 100 g de chair, une grande variété de vitamines et de sels minéraux. Sa principale différence avec la viande provient de sa moindre teneur en graisses.

• **Poissons maigres** (*moins de 5 % de lipides*) : aiglefin, anchois, bar, barbue, cabillaud (morue), colin, daurade, espadon, grondin, haddock, lieu, limande, merlan, merlu, raie, rascasse, roussette, sole, turbot.

• **Poissons demi-gras** (*de 5 à 10 % de lipides*) : bonite, congre, flétan, hareng, maquereau, rouget, sardine.

• **Poissons gras** (*de 10 à 20 % de lipides*) : murène, saumon, thon.

Il faut également noter que cette classification n'est pas figée car la teneur en graisse d'un poisson varie selon son âge, son sexe ou la saison. La sardine, par exemple, est tantôt un poisson maigre, tantôt un poisson gras.

CRUSTACÉS ET COQUILLAGES

Les crustacés sont plus riches en protéines que les coquillages (*15 à 20 % contre 12 % en moyenne*).
Le **crabe** apporte beaucoup de calcium.
Les **huîtres** (il en existe une trentaine d'espèces) ont une composition comparable à celle du lait, et elles contiennent beaucoup de sels minéraux (iode, zinc, fer, manganèse, cuivre) et de vitamines (A, B, C et D notamment).
Les **moules** leur sont comparables mais sont légèrement plus grasses.
À l'instar des huîtres, il est possible de consommer crus les **praires**, les **coques**, les **palourdes**, les **clams** et les **bigorneaux**. Cuits, ils perdent une partie de leurs vitamines et de leurs sels minéraux.

ŒUFS DE POISSONS

Ils constituent une source très importante de phosphore (saumon, mulet, hareng).

GLOSSAIRE

Abaisser : étaler une pâte au rouleau ou au laminoir à l'épaisseur voulue.

Aiglefin ou églefin : ce poisson d'environ 1 m de long prend le nom de « haddock » une fois fumé.

Anguille de mer : voir *Congre.*

Appareil : mélange de plusieurs ingrédients entrant dans la composition d'un plat.

Assaisonner : relever le goût d'une préparation en ajoutant du sel et du poivre.

Bain-marie : récipient d'eau très chaude dans lequel est placé un second récipient de taille plus réduite contenant des préparations ou des ingrédients à faire chauffer ou maintenir au chaud.

Bar : poisson à la chair fine et délicate. On le nomme « loup » en Provence mais également « perche de mer ».

Barbue : proche parent du turbot habitué des fonds sableux de l'Atlantique.

Barder : envelopper dans une fine tranche de lard.

Baudroie : voir *Lotte.*

Berdonneau : voir *Turbot.*

Blanchir : passer quelques instants à l'eau bouillante pour attendrir ou ôter l'amertume.

Bonite : espèce voisine du thon mais à chair moins fine que celui-ci.

Bouquet : voir *Crevette rose.*

Braiser : cuire à court mouillement et à couvert.

Brunoise : légumes détaillés en petits dés de 1 à 3 mm de côté.

Cabillaud : poisson d'eau froide, il prend le nom de « morue » lorsqu'il est salé ou séché.

Cachou : petits bonbons à la réglisse.

Calamar ou calmar : espèce de mollusque très répandue en Méditerranée appelée aussi « encornet » qui possède une « plume » transparente.

Carrelet : encore appelé « plie » ; ses taches orange sont un signe de fraîcheur.

Chapelure : poudre plus ou moins granuleuse confectionnée en broyant du pain rassis d'un ou deux jours.

Chemiser : garnir l'intérieur d'un moule d'une légère couche de préparation (gelée, fond de glace...) avant de remplir avec un appareil.

Chicoter : pratiquer de légères incisions sur le pourtour d'une pièce en feuilletage pour favoriser sa montée verticale à la cuisson.

Ciseler : émincer très finement.

Clarifier : retirer le petit-lait et la caséine du beurre fondu.

Clavelat : voir *Turbot.*

Concasser : hacher grossièrement.

Congre : également appelé « anguille de mer » ou « fielas », ce poisson mesure de 2 à 3 m.

Coquette : voir *Vieille.*

Corail : partie colorée en rouge orange des Saint-Jacques, homards, langoustes...

Coriandre : plante aromatique appelée aussi « persil chinois ou arabe ». On en utilise aussi bien les racines que les feuilles ou les graines, chaque partie ayant un goût différent.

Crapaud de mer : voir *Rascasse.*

Crevette rose : crustacé dénommé également « bouquet ».

Curcuma : épice de la famille du gingembre provenant d'une racine réduite en poudre. Utilisé en cuisine, il développe une saveur épicée mais pas piquante et provoque une intense coloration jaune.

Darne : tranche de poisson ronde de 2 à 3 cm d'épaisseur, taillée perpendiculairement à l'arête.

Daurade ou dorade : espèce pêchée en Méditerranée et dans le golfe de Gascogne.

Déchets : leur proportion est variable suivant les espèces et les présentations ; nulle pour les filets, elle grimpe à 30-40 % pour les poissons en portion voire jusqu'à 60 % pour certains poissons entiers (le saint-pierre notamment) ; 50 à 70 % pour les moules (en fonction de leur taille) ; 30 à 50 % pour les crevettes et gambas, voire jusqu'à 70 % pour certains crustacés. Il est toutefois possible de valoriser une partie de ces déchets (têtes et arêtes) et de s'en servir pour la confection de fumet (base pour des pochages, des sauces, certaines cuissons à la vapeur).

Déglacer : dissoudre les sucs de cuisson à l'aide d'un liquide (vin, alcool, vinaigre).

Dégorger : c'est faire tremper certains aliments dans de l'eau froide pour leur faire rendre leurs impuretés.

Écailler : enlever les écailles d'un poisson.

Écaler : ôter la coquille des œufs durs ou mollets.

Églefin : voir *Aiglefin.*

Émincer : couper en tranches minces.

Encornet : voir *Calamar.*

Escaloper : couper en biais de minces tranches.

Fielas : voir *Congre.*

Four à micro-ondes : présent désormais dans la majorité des cuisines (n'en déplaise aux puristes), il peut rendre de grands services s'il est utilisé intelligemment. Il convient, en effet, très bien à la cuisson des poissons à chair délicate (rouget, merlan...) à condition d'en maîtriser parfaitement l'usage (puissance appliquée et temps).

Fraîcheur : elle est généralement attestée par une agréable odeur marine (fuir tout relent nauséabond), des ouïes roses ou rouges (mais pas brunâtres), une peau luisante et ferme avec des écailles adhérant bien, des yeux clairs avec des pupilles noires et brillantes (attention aux yeux glauques et affaissés). Les darnes et les filets doivent être fermes, brillants et humides.

Fumet : préparation liquide concentrée résultant d'une cuisson, et largement utilisée en cuisine (base de sauce, pochage, mouillement...).

Galinette : voir *Grondin.*

Gambas : de la famille des crevettes, ces crustacés sont pêchés en Méditerranée et dans l'Atlantique.

Gingembre : racine particulièrement aromatique aux formes tortueuses.

Glacer : napper de sauce et passer au four.

Gril : le préférer épais et en fonte. Il est parfait pour la cuisson des poissons gras (penser à inciser profondément les pièces épaisses pour éviter que la chaleur vive ne les fasse éclater). Badigeonner d'huile pour éviter que la peau n'y adhère trop.

Grondin : il en existe des gris (trigle) et des roses (rouget grondin appelé aussi « galinette » dans le Midi).

Habiller : apprêter un poisson pour la cuisson (retirer les parties non comestibles, l'écailler, le vider, le laver).

Haddock : nom donné à l'aiglefin une fois fumé.

Herbes aromatiques : pour les conserver fraîches assez longtemps, les plonger dès l'achat quelques instants dans de l'eau vinaigrée puis les sécher parfaitement. Les conserver au réfrigérateur dans des sachets en papier.

Homard : crustacé marin habitué des eaux froides. Le « breton » est le plus réputé mais on en trouve plus facilement en provenance du Canada, d'Écosse, de Jersey et d'Islande.

Huile d'arachide : confectionnée à partir de cacahuètes moulues, elle a la propriété de ne pas fumer lorsqu'elle est chauffée. C'est, en conséquence, une excellente huile de friture.

Huile d'olive : « vierge » ou « extra-vierge », elle sera de qualité supérieure car elle provient du premier pressage de la récolte. Pour ceux qui n'apprécient pas son goût parfois prononcé, il en existe des légères à la saveur plus discrète.

Huile de noisette, de noix ou de sésame : l'usage les réserve davantage pour parfumer les préparations que pour les cuissons.

Inciser : pratiquer des entailles.

Julienne : c'est un poisson de l'Atlantique Nord à la chair maigre et tendre (assez proche du cabillaud) appelé aussi « lingue », mais également le résultat du découpage de bâtonnets de 1 à 2 mm de large pour 3 à 5 cm de long (julienne de légumes).

Labre vert : voir *Vieille*.

Langouste : crustacé pouvant peser jusqu'à 4 kg et mesurer 50 cm. On en trouve plus couramment d'une taille d'environ 25 à 30 cm dans le commerce. La variété « bretonne » est réputée être la meilleure.

Langoustine : crustacé originaire de l'Atlantique mesurant de 15 à 25 cm. Sa morphologie est plus proche de celle du homard que de la langouste.

Liaison : élément utilisé pour donner de la consistance à une sauce (jaune d'œuf, crème, farine, Maïzena).

Lieu jaune : poisson de qualité médiocre.

Lieu noir : poisson à la chair savoureuse prenant le nom de « saumon de mer » lorsqu'il est commercialisé en conserve.

Limande : ce poisson de fonds sableux en zone côtière s'accommode comme la sole ou la barbue.

Lingue : voir *Julienne*.

Lotte : encore appelé « baudroie », ce poisson sans arête, à chair ferme, est généralement vendu sans sa tête monstrueuse.

Loup : voir *Bar*.

Macérer : laisser séjourner des aliments dans du vinaigre ou du vin.

Mariner : mettre à tremper pour une durée plus ou moins longue dans une composition aromatique liquide.

Merlan : poisson de l'Atlantique à la chair tendre et légère mesurant de 20 à 40 cm.

Merle : voir *Vieille*.

Merlu : poisson de l'Atlantique de 1 m environ, généralement vendu en filets.

Mijoter : faire cuire doucement.

Mirepoix : carottes et oignons coupés en dés pour servir de base à une sauce.

Monder : peler en plongeant quelques secondes dans de l'eau bouillante puis dans de l'eau froide. Le choc thermique décolle la peau de son support.

Morue : voir *Cabillaud*.

Mouiller : ajouter du liquide.

Napper : recouvrir de sauce.

Odeurs : véritable hantise pour de nombreuses personnes, les odeurs de poisson sont particulièrement tenaces. Pour en débarrasser les mains et les ustensiles qui ont été au contact, utiliser de l'eau fortement salée et additionnée de jus de citron.

Oignon blanc ou de printemps : petit bulbe blanc relativement doux avec de longues tiges vertes croquantes. Il s'utilise cru ou cuit.

Oignon jaune : ingrédient générique de nombreuses recettes où il n'apparaît que sous le vocable « oignon ». Ce bulbe plus ou moins allongé dont la taille va de très petit (oignon grelot) à énorme se protège sous des couches plus ou moins épaisses de peaux suivant les variétés et la saison.

Oignon rouge : connu également sous la dénomination d'« oignon espagnol » ; sa saveur est plus douce que celle de l'oignon jaune. Il s'utilise principalement cru.

Parmesan : fromage sec et dur originaire d'Italie. Il s'utilise généralement râpé.

Perche de mer : voir *Bar*.

Persil chinois ou arabe : voir *Coriandre*.

Piments : il en existe un grand nombre de variétés. Plus ou moins gros, plus ou moins forts en saveur. Enlever leurs membranes internes et leurs graines les « adoucit » légèrement. Se laver les mains longuement à grande eau et avec du savon après les avoir manipulés et ne surtout pas se frotter les yeux sans s'être assuré qu'il n'en reste aucune trace sur les mains (conseil issu d'un vécu… cuisant). Au besoin, porter des gants jetables.

Plie : voir *Carrelet*.

Poivrons : leur saveur diffère selon leur couleur. Rouge, vert, jaune ou violet, il faut en retirer les pépins et les membranes internes.

Rafraîchir : passer sous l'eau froide après cuisson.

Raie : poisson des mers froides et tempérées ayant pour caractéristique une forte odeur d'ammoniaque.

Raifort : cette racine de la famille de la moutarde possède une chair blanche à saveur forte et piquante utilisée principalement comme condiment.

Rascasse : poisson également appelé « scorpion » ou « crapaud de mer », et « sébaste » dans le Nord.

Réduire : cuire à découvert à feu vif pour que l'évaporation diminue la quantité de liquide.

Requin : c'est une appellation générique pour de nombreuses espèces dont la chair ferme peut être comparée à celle du thon, voire parfois du veau (notamment la « taupe de mer »).

Revenir : cuire dans de la matière grasse.

Rissoler : sauter en donnant davantage de coloration.

Riz sauvage : les longs grains bruns de cette graminée (ce n'est pas à proprement parler du riz) développent une saveur particulièrement agréable. Le temps de cuisson est singulièrement plus long que celui du riz blanc.

Rombu : voir *Turbot.*

Rouget barbet : il existe deux variétés très prisées de ce poisson.

Rouget grondin : voir *Grondin.*

Roussette : il en existe deux espèces, la grande et la petite (commercialisée sous l'appellation « saumonette » lorsqu'elle est écorchée).

Roux : préparation à proportion égale de farine et de beurre servant à lier les sauces.

Sabre : poisson dont les filets sont étroits et très longs.

Saint-pierre : poisson à chair particulièrement fine dont on ne peut guère consommer plus de 40 %.

Saumonette : voir *Roussette.*

Sauter : cuire dans un peu de matière grasse.

Scorpion : voir *Rascasse.*

Sébaste : voir *Rascasse.*

Seiche : ce mollusque mesure environ 30 cm et possède un os interne.

Singer : saupoudrer d'un peu de farine en cours de cuisson.

Sole : poisson d'eaux peu profondes et fonds sableux ; sa chair est fine et ferme.

Suer : cuire dans un récipient fermé, sans liquide, pour faire sortir les sucs.

Supion : petit calamar.

Tabasco : sauce très forte à base de piments rouges, de vinaigre et de sel.

Thon : c'est une appellation générique pour 5 espèces assez voisines : le thon rouge, le germon ou thon blanc, l'albacore, le patudo et le listao.

Tourteau : variété de gros crabe pouvant peser jusqu'à 5 kg. Il est aussi appelé « dormeur ».

Triboulet : voir *Turbot.*

Trigle : voir *Grondin.*

Turbot : nommé « turbotin » lorsqu'il pèse moins de 1,5 kg, ce poisson est considéré comme l'un des meilleurs. En Méditerranée, on le trouve sous l'appellation « rombu » ou « clavelat » et dans l'Atlantique « triboulet » ou « berdonneau ».

Vieille : habituée des côtes rocheuses, cette espèce s'appelle également « labre vert », « merle » ou « coquette ».

Vinaigre balsamique : autrement dénommé « vinaigre de Modène », il provient exclusivement d'Italie et possède une saveur alliant avec bonheur mordant et douceur.

Vinaigre de cidre : réalisé à base de pommes fermentées, sa couleur claire le fait préférer pour certaines préparations.

Vinaigre de framboise : vinaigre « fantaisie » obtenu par macération de framboises dans du vinaigre de vin blanc.

Vinaigre de Xérès : issu de la transformation de vin moelleux, il a la couleur sombre et la complexité aromatique d'un vin cuit.

Vive : poisson d'environ 30 cm de longueur, utilisé pour la bouillabaisse ou la soupe.

FUMET DE POISSON

500 g d'arêtes de poissons (sole, barbue, turbot, etc.)
50 g de carottes
80 g de gros oignons
30 g d'échalotes
50 g de beurre
1 bouquet garni

Éplucher, laver et émincer finement les carottes, oignons, échalotes.

Mettre à suer cette garniture dans une casserole avec le beurre fondu (5 minutes environ sans coloration).

Ajouter les arêtes concassées.

Continuer la cuisson de 3 à 4 minutes.

Mouiller avec 1,25 litre d'eau froide.

Ajouter le bouquet garni.

Faire bouillir et cuire 20 minutes.

Passer au chinois et réserver.

ROUILLE

1 pomme de terre
2 gousses d'ail
1 pincée de safran
15 cl d'huile d'olive
1 jaune d'œuf

Faire cuire la pomme de terre et l'écraser au mortier puis ajouter les 2 gousses d'ail épluchées, la pincée de safran, le jaune d'œuf et monter à l'huile d'olive comme une mayonnaise.

Recettes

Entrée

Plat principal

Plat unique

Toutes les recettes
de cet ouvrage
sont conçues
pour 4 personnes

ACRAS DE CREVETTES

200 g de crevettes cuites décortiquées
1 gousse d'ail
1 piment vert
2 citrons verts
Sel, poivre
Huile de friture
200 g de farine
10 cl d'eau
1 gousse d'ail
1 oignon, 2 échalotes
Quelques brins de persil plat
2 œufs
1 pincée de bicarbonate de soude

Découper les crevettes en dés et les faire mariner 30 minutes dans le jus de 2 citrons additionné de sel, poivre, 1/2 piment et une gousse d'ail hachés.

Dans un saladier, mettre la farine tamisée et verser l'eau progressivement en travaillant bien le mélange pour éviter la formation de grumeaux. Hacher finement l'ail, l'oignon, les échalotes, le persil et le reste du piment. Assaisonner. Ajouter les jaunes d'œufs et la chair de crevette égouttée. Laisser reposer la pâte 1 heure.

Juste avant la cuisson, incorporer le bicarbonate de soude et les blancs d'œufs battus en neige très ferme.

Faire frire par petites quantités et servir aussitôt.

ACRAS DE MORUE

200 g de morue salée
80 g de farine
1 cuillerée à café de levure de bière
2 œufs
1 cuillerée à café d'ail pilé
3 échalotes émincées
1 cuillerée à soupe de ciboulette hachée
Sel, poivre du moulin
Huile de friture
1 citron vert

Faire dessaler la morue 24 heures dans de l'eau chaude, puis la faire pocher 10 minutes dans de l'eau bouillante.

Délayer la farine et la levure dans un peu d'eau.

Malaxer le poisson avec les œufs, l'ail, les échalotes et la ciboulette.

Assaisonner. Incorporer la farine.

Confectionner des petites boulettes de 5 cm de diamètre et faire frire 5 minutes.

Égoutter sur du papier absorbant puis arroser de jus de citron vert au moment de servir.

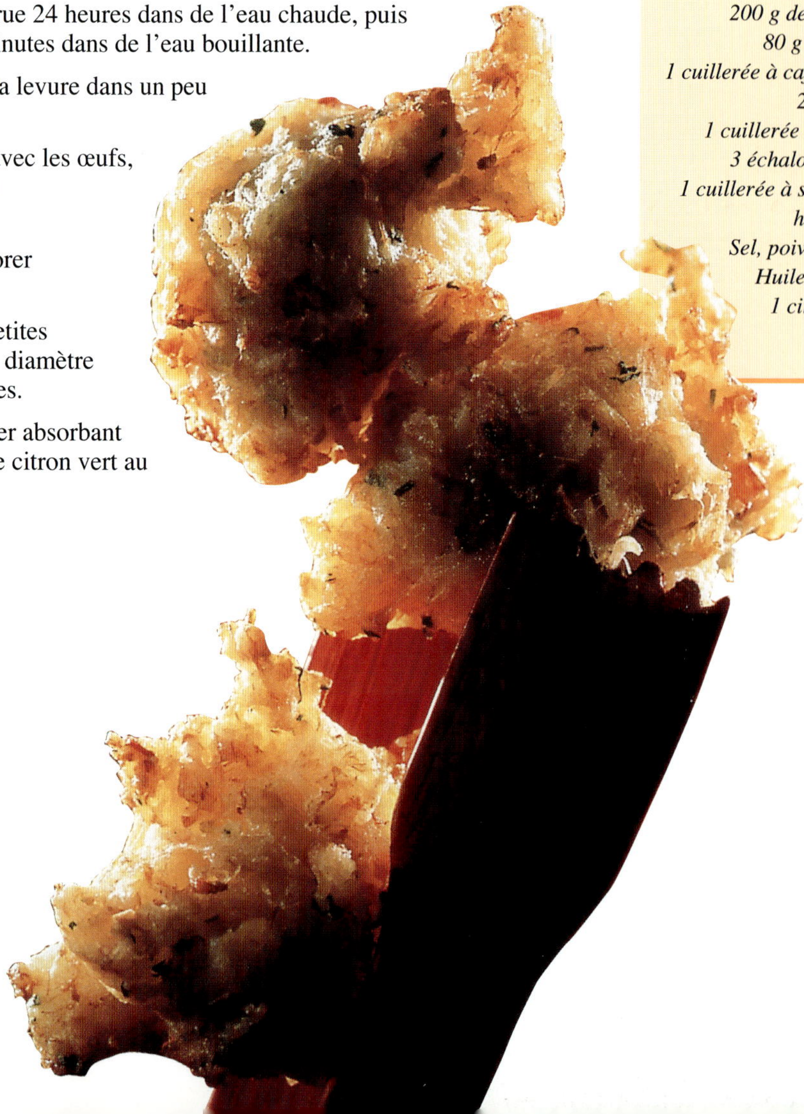

AGNOLOTTI AUX FRUITS DE MER

200 g de carrelet
200 g de crevettes cuites
3 cuillerées à soupe de coriandre hachée
30 g de chapelure
30 g de parmesan, 400 g de ricotta
50 g d'épinards cuits et égouttés
Sel, poivre
75 g de beurre
Muscade
1 petite courgette
Pour les pâtes
300 g de farine
4 œufs
1 pincée de sel

Préparer les pâtes : sur une surface plane, mettre la farine en dôme puis creuser un puits au centre. Y mettre une pincée de sel et 3 œufs. Incorporer délicatement les œufs à la farine avec une fourchette puis pétrir à la main en rajoutant éventuellement un peu de farine ou d'eau jusqu'à obtenir une pâte bien lisse et élastique. Former une boule et l'envelopper dans un linge humide. Laisser reposer 30 minutes.

Faire pocher le carrelet. Le désosser et hacher finement la chair. Décortiquer les crevettes et les hacher.

Pour la farce, mélanger dans un bol la chair de poisson et de crevettes, 2 cuillerées de coriandre, la chapelure, le parmesan, la ricotta et les épinards bien égouttés et hachés. Assaisonner.

Découper dans la pâte des cercles d'environ 5 cm de diamètre avec un emporte-pièce. Couvrir avec le linge humide pour limiter le dessèchement.

Prendre les cercles un par un et en badigeonner les bords avec de l'œuf battu. Déposer au centre un peu de farce puis replier en deux en forme de demi-lune en pressant légèrement. Denteler les bords à l'aide d'une roulette.

Les entreposer à plat sur le plan de travail, côte à côte, sans les superposer, et les saupoudrer légèrement de farine.

Les faire cuire dans un grand volume d'eau bouillante légèrement salée pendant 3 à 4 minutes.

Pendant ce temps, laver puis râper la courgette. La faire fondre dans le beurre. Assaisonner. Ajouter une pointe de muscade râpée.

Égoutter les *agnolotti* et les dresser dans un plat. Arroser de beurre à la courgette et saupoudrer du reste de coriandre.

ANCHOIS AUX OLIVES ET AU POIVRON

400 g d'anchois frais
1 petit poivron rouge
100 g d'olives noires dénoyautées
1 cuillerée à soupe de câpres
Poivre du moulin
1/2 verre de vin blanc sec
1 cuillerée à soupe d'huile d'olive

Peler et épépiner le poivron. Le détailler finement. Réserver quelques olives, quelques câpres et un peu de poivron pour la décoration. Hacher finement le reste. Poivrer.

Nettoyer les anchois. Enlever tête et arête centrale puis les passer sous l'eau froide. Bien les égoutter. Les farcir du mélange olives, câpres, poivron et les ranger bien serrés dans un plat allant au four préalablement huilé. Disposer la décoration puis mouiller avec le vin blanc et un filet d'huile. Cuire à four chaud à 200 °C (thermostat 6/7) pendant 15 minutes.

Ce plat peut être servi chaud ou froid.

ARAIGNÉE DE MER AUX POMMES VERTES*

4 araignées de mer
300 g de crevettes
150 g de mayonnaise
3 pommes granny smith
1 poireau
1 côte de céleri
1 carotte
1 citron
Tabasco
Laurier
Sel

Laver les araignées de mer et les mettre dans une casserole avec la carotte épluchée, le céleri, le poireau et 1 feuille de laurier. Recouvrir d'eau froide et porter à ébullition. Laisser cuire ainsi 20 minutes. Égoutter les crustacés et les laisser refroidir.

Ébouillanter les crevettes et les décortiquer.

Ouvrir les araignées en les coupant en deux dans leur moitié inférieure. En extraire toute la chair, ôter les parties cartilagineuses et hacher grossièrement le reste. Réserver les carapaces.

Dans une terrine, mettre la chair des araignées, les crevettes, la carotte cuite coupée en dés, les pommes coupées en dés et arroser du jus de citron. Ajouter la mayonnaise et mélanger délicatement puis saler.

Remplir les carapaces vides de ce mélange.

Servir frais.

ASSIETTE BULGARE

Faire mariner 24 heures les filets de harengs dans l'huile additionnée de citron, de vinaigre, de rondelles d'oignon et de carotte avec le poivre en grains.

Laver le soja. Laver et émincer les concombres dans la longueur. Laver et hacher un peu d'aneth.

Mélanger le yaourt avec la Savora® et l'aneth haché. Saler et poivrer.

Rouler les filets de harengs, peau à l'extérieur, et les piquer d'un cure-dent pour les maintenir.

Dresser sur assiettes un fond de concombre et soja avec 2 filets de harengs marinés. Napper le tout de yaourt aromatisé et décorer d'un brin d'aneth.

8 filets de harengs
50 g de soja
2 concombres
1 botte d'aneth
2 cuillerées à soupe de Savora®
1 yaourt
Sel, poivre
Pour la marinade
20 cl d'huile
1 citron
1 cuillerée à soupe de vinaigre
1 oignon
1 carotte
1 cuillerée à café de poivre en grains

ASSIETTE DE TROIS SAUMONS

500 g de filet de saumon cru
4 tranches de saumon fumé
1 bouquet de ciboulette
25 cl de crème fleurette
1 cuillerée et demie d'huile d'olive
6 feuilles de basilic frais
2 échalotes
1 bouquet d'aneth
1 cuillerée à soupe de vinaigre de framboise
1 citron
Sel, poivre du moulin

Hacher finement la ciboulette et incorporer 1 cuillerée à soupe de crème fleurette. Assaisonner puis fouetter jusqu'à obtention d'une sauce ressemblant à une chantilly. Conserver au frais.

Couper 2 feuilles de basilic et faire macérer dans l'huile d'olive.

Saler et poivrer le vinaigre de framboise puis ajouter 1 cuillerée d'huile d'olive au basilic. Émulsionner.

Détailler 4 morceaux de 5 cm de largeur de saumon cru et hacher finement le reste au couteau. Réserver au froid.

Éplucher et hacher les échalotes. Ciseler l'aneth. Mélanger au saumon haché. Ajouter ensuite le vinaigre de framboise. Laisser macérer ce tartare 1/2 heure au froid.

Faire griller les morceaux de saumon.

Dresser sur assiettes un morceau de saumon grillé, une quenelle de tartare de saumon, une tranche de saumon fumé garnie d'une feuille de basilic, d'une fine tranche de citron et d'une rosace de crème fouettée.

AUMÔNIÈRES DE LANGOUSTINES ET MORILLES AU BEURRE D'ANIS

12 belles langoustines cuites
15 g de morilles séchées
4 cuillerées à soupe de crème fraîche
Sel, poivre
4 grandes feuilles de chou vert
1 l de fumet de poisson
Quelques brins de cerfeuil
2 grosses tomates
Huile d'olive
1 bouquet garni
1 petite gousse d'ail pelée
1 cuillerée à soupe de pastis
125 g de beurre

Réserver 4 langoustines entières pour la décoration. Décortiquer les autres.

Faire tremper les morilles à l'eau froide puis les porter 2 minutes à ébullition. Les ouvrir en deux puis les nettoyer avec soin pour retirer toute trace de sable. Filtrer l'eau de cuisson puis la faire réduire aux 4/5. Y incorporer la crème et laisser à nouveau réduire. Retirer du feu. Ajouter alors les morilles. Assaisonner.

Laver et blanchir fortement 4 grandes feuilles de chou vert. Les rafraîchir sous l'eau froide puis les égoutter et les étaler sur une serviette. Retirer la majeure partie de la nervure centrale.

Garnir chaque feuille avec 2 langoustines décortiquées et de la sauce aux morilles. Façonner l'aumônière en forme de bourse. Réserver au réfrigérateur.

Préparer le beurre d'anis : peler et épépiner les tomates. Mixer la chair et faire cuire avec l'huile d'olive, le bouquet garni et l'ail écrasé. Ajouter 1 cuillerée à soupe de pastis. Assaisonner. Lorsqu'il ne reste presque plus d'eau de végétation, incorporer le beurre froid en copeaux. Travailler le mélange au fouet. Mixer quelques secondes.

Faire cuire les aumônières à la vapeur du fumet de poisson pendant 7-8 minutes. Dresser sur assiettes et servir avec le beurre anisé parsemé de pluches de cerfeuil et une langoustine entière.

AVOCAT COCKTAIL

250 g de crevettes décortiquées
3 jaunes d'œufs
1 cuillerée à soupe de moutarde
Sel, poivre du moulin
50 cl d'huile
2 cuillerées à soupe de ketchup
5 cl de cognac
Quelques gouttes de Worcester sauce
2 avocats
1 salade

Monter une mayonnaise avec les jaunes d'œufs, la moutarde, sel, poivre et huile au petit fouet. Une fois qu'elle est montée, incorporer le ketchup, le cognac et la Worcester sauce.

Laver et essorer puis ciseler la salade.

Couper les avocats en deux et les creuser légèrement à la cuillère à soupe.

Incorporer l'excédent d'avocat (écrasé à la fourchette) à la mayonnaise avec les crevettes décortiquées.

Dresser sur chaque assiette de la chiffonnade de salade et un demi-avocat rempli de la préparation de crevettes.

BALLOTINS DE CRABE À L'OCÉANE

150 g de chair de crabe
500 g de moules de bouchot
500 g de coques
1 verre de vin blanc sec
1 petit oignon
1 carotte
1/4 de céleri-rave
2 cuillerées à soupe de petits pois
2 grosses cuillerées de crème épaisse
50 g de beurre
1/2 citron
Sel, poivre
Quelques brins de ciboulette
8 feuilles de riz
Persil plat

Nettoyer les moules et les coques puis les mettre dans une sauteuse avec le vin blanc et l'oignon haché. Faire ouvrir sur feu vif puis se débarrasser des coquilles. Récupérer et filtrer le jus de cuisson.

Éplucher la carotte et le céleri puis les détailler en petits cubes. Cuire séparément tous les légumes à l'eau bouillante légèrement salée. Les refroidir rapidement sous l'eau froide puis les égoutter.

Mettre le jus des coquillages dans une casserole et faire réduire de moitié à feu vif. Mélanger la crème et donner un bouillon pour épaissir. Incorporer alors progressivement à feu doux le jus de citron et le beurre en fouettant. Assaisonner. Réserver au chaud.

Dans un saladier, mélanger les légumes cuits, la chair de crabe, les coquillages et une petite quantité de sauce.

Tremper les feuilles de riz dans de l'eau tiède puis les égoutter sur un linge humide. Y répartir la garniture de crabe et de coquillages aux légumes puis rouler en ballotins et lier avec des brins de ciboulette.

Disposer dans un plat de service beurré allant au four et cuire de 5 à 6 minutes à 210 °C (thermostat 7).

Servir avec le reste de la sauce et parsemer de persil ciselé.

BAR AU LARD

1 bar de 1,2 kg environ
4 petits oignons blancs
400 g de pommes de terre nouvelles
Quelques morilles séchées
3 fines tranches de lard fumé
Sel, poivre
2 cuillerées à soupe de coriandre hachée
250 g de pois gourmands
5 cl de bouillon de légumes

Hacher finement les petits oignons. Peler les pommes de terre.

Faire tremper les morilles à l'eau froide puis les porter à ébullition 2 minutes. Les ouvrir en deux puis les nettoyer avec soin pour retirer toute trace de sable.

Passer rapidement à la poêle les tranches de lard.

Faire plusieurs incisions de chaque côté du poisson. Assaisonner l'intérieur et y mettre les feuilles de coriandre. Le refermer et entourer avec les tranches de lard.

Disposer le poisson au centre d'une grande feuille de papier aluminium.

Entourer avec les pois gourmands, les pommes de terre, les petits oignons et les morilles.

Mouiller avec le bouillon de légumes puis replier la papillote sans trop serrer.

Disposer le poisson dans un grand panier à vapeur et faire cuire environ 40 minutes au-dessus d'un wok ou d'une grande casserole d'eau bouillante couverte.

Disposer sur un plat chaud et servir sans attendre.

BAR AUX ENDIVES

1 bar de 1,5 kg
4 grosses endives
Sel, poivre
1 branche de thym
1 filet d'huile d'olive
1 cuillerée à café de graines de coriandre
1 verre de vin blanc sec
Pour la sauce
25 cl de crème fraîche
Vinaigre balsamique

Laver les endives. Ôter la base amère et les effeuiller.

Bien nettoyer le bar et le rincer sous l'eau froide. L'éponger puis assaisonner l'intérieur et garnir de quelques feuilles d'endive, d'une branche de thym, d'un filet d'huile d'olive et de quelques graines de coriandre.

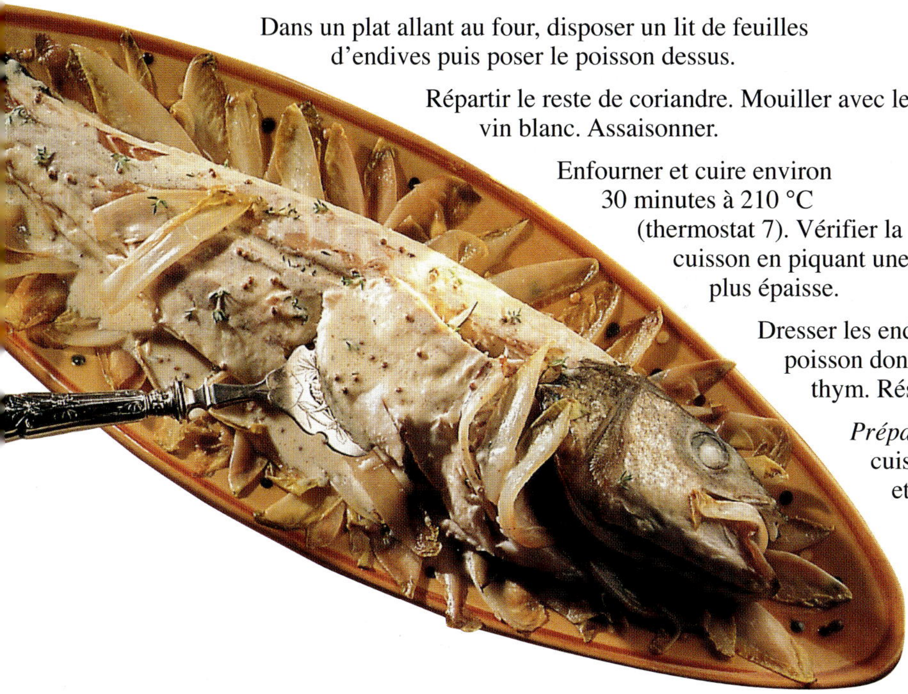

Dans un plat allant au four, disposer un lit de feuilles d'endives puis poser le poisson dessus.

Répartir le reste de coriandre. Mouiller avec le vin blanc. Assaisonner.

Enfourner et cuire environ 30 minutes à 210 °C (thermostat 7). Vérifier la cuisson en piquant une pointe de couteau dans la partie la plus épaisse.

Dresser les endives sur le plat de service. Disposer le poisson dont on aura retiré la peau et la branche de thym. Réserver au chaud.

Préparer la sauce : déglacer le jus de cuisson d'un trait de vinaigre balsamique et réduire fortement dans une casserole. Ajouter la crème et fouetter pour rendre le mélange mousseux. Rectifier l'assaisonnement.

Napper le poisson et servir aussitôt.

BAR FARCI À LA PROVENÇALE EN HABIT DE VERDURE

1 bar de 1,5 kg
6 larges feuilles vertes de poireau
300 g de tomates cerises
250 g d'oignons grelots
200 g d'olives noires
100 g d'olives vertes
2 citrons non traités
5 cuillerées à soupe de persil plat ciselé
1 cuillerée à café d'origan
Sel, poivre
2 grosses gousses d'ail
4 cuillerées à soupe d'huile d'olive

Ébouillanter quelques secondes les feuilles de poireau. Les rafraîchir à l'eau froide puis les éponger sur du papier absorbant.

Préchauffer le four à 210 °C (thermostat 7).

Faire un hachis grossier avec 5 tomates, 5 oignons, la moitié des olives dénoyautées. Ajouter le zeste d'un citron, la moitié du persil, l'origan. Saler et poivrer avec modération.

Enlever la tête du poisson et lever les filets en conservant la peau.

Dans un plat à four, étaler 1 cuillerée d'huile puis disposer un filet de poisson, peau en dessous. Étaler dessus le hachis aux olives. Couvrir avec le second filet, peau sur le dessus. Emballer avec les feuilles de poireau.

Entourer avec le reste d'oignons, olives, tomates, l'ail pelé, un citron détaillé en quartiers avec sa peau. Arroser avec le reste d'huile.

Enfourner et laisser cuire une trentaine de minutes en arrosant plusieurs fois le poisson et les légumes avec le jus rendu. Vérifier la cuisson en piquant avec un couteau.

Disposer le poisson dans le plat de service avec les légumes et parsemer du reste de persil. Le jus de cuisson peut être servi à part en saucière, allongé avec un peu d'huile au basilic.

BAR GRILLÉ AU FENOUIL

Habiller les bars, les laver et les vider. Les remplir de branches de fenouil.

Émincer les bulbes de fenouil. Les faire revenir à l'huile d'olive. Assaisonner.

Cuire les bars, badigeonnés d'huile d'olive, au gril pendant 10 minutes de chaque côté.

Servir les bars avec le fenouil émincé. Garnir de rondelles de citron et de brins d'aneth.

4 portions de bar
50 g de branches de fenouil séchées
500 g de bulbes de fenouil
20 cl d'huile d'olive
Sel, poivre
1 citron
1 bouquet d'aneth

BEIGNETS DE CALAMARS

500 g de calamars
150 g de farine
2 cuillerées à soupe de coriandre fraîche
1 gousse d'ail
Poivre de Cayenne
Sel
Huile de friture

Pour la sauce

1 filet d'huile
1 pincée de coriandre en poudre
1 pincée de cumin en poudre
1 petit concombre
1 gousse d'ail
2 yaourts maigres
1 citron

Préparer la sauce : dans une petite casserole, mettre un petit filet d'huile et y faire cuire la coriandre et le cumin en poudre quelques instants à feu doux.

Peler et épépiner le concombre puis le passer au mixeur avec une gousse d'ail pelée et écrasée.

Mélanger dans un bol les yaourts, le concombre, le jus de citron et les épices chauffées.

Réserver au frais.

Nettoyer les calamars et les tronçonner en anneaux. Bien les rincer à l'eau froide puis les éponger soigneusement.

Mélanger dans un grand saladier la farine, la coriandre fraîche ciselée, une gousse d'ail pelée et écrasée, une pincée de poivre de Cayenne et une pincée de sel.

Passer les calamars dans cette préparation en plusieurs fois pour qu'ils en soient bien enduits.

Faire chauffer l'huile dans une friteuse et frire les calamars en plusieurs fois jusqu'à ce qu'ils soient bien dorés.

Les égoutter sur du papier absorbant puis servir avec la sauce épicée au yaourt.

BLANQUETTE DE MER*

600 g de calamars
600 g de saint-pierre en tranches
500 g de noix de pétoncles
500 g de pommes de terre
3 oignons
2 poivrons jaunes
350 g de pulpe de tomates
15 olives noires
Huile d'olive
Laurier, ail
Paprika
Vin blanc
Persil
Sel

Bien nettoyer les calamars et les couper en lanières. Laver le saint-pierre et le couper en morceaux réguliers. Laver et égoutter les noix de pétoncles.

Couper les oignons en quartiers, les pommes de terre en tranches épaisses et les poivrons en lanières.

Mettre dans une cocotte 3 cuillerées à soupe d'huile, puis disposer sur le fond une couche d'oignons, la pulpe de tomates et les pommes de terre.

Saler légèrement, parsemer de paprika puis disposer par-dessus le poisson et les fruits de mer avec les lanières de poivrons, l'ail et 1 feuille de laurier émiettée.

Recouvrir d'une dernière couche d'oignons et arroser de 1 verre de vin et d'un filet d'huile d'olive.

Porter à feu très doux et laisser cuire ainsi 1 heure, à couvert, sans mélanger.

Vers la fin de la cuisson, ajouter le persil ciselé et les olives grossièrement hachées.

BLANQUETTE DE POISSONS AUX COQUILLAGES

400 g de lotte
400 g de thon blanc
200 g de moules
200 g de praires
250 g de riz sauvage
75 cl de fumet de poisson
1 bouquet d'aneth
Baies roses
Sel, poivre
Pour le roux blanc
40 g de beurre
40 g de farine
10 cl de crème fleurette
1 jaune d'œuf

Gratter et laver les moules. Laver les praires.

Découper en gros morceaux les poissons, les réserver au frais.

Cuire le riz sauvage dans de l'eau bouillante salée pendant 20 minutes.

Faire ouvrir les moules et les praires dans un fond de fumet.

Pocher les morceaux de poisson dans le fumet de poisson pendant 10 minutes. Retirer les poissons et les coquillages, les réserver au chaud.

Filtrer le fumet de poisson.

Préparer le roux blanc : dans une casserole, faire un roux blanc avec le beurre et la farine puis incorporer le fumet et faire épaissir à feu doux sans cesser de remuer. Dans un bol, mélanger le jaune d'œuf et la crème, ajouter à la sauce et lier à feu très doux 5 minutes. Assaisonner.

Dans l'assiette, dresser les morceaux de poisson, les coquillages. Napper le tout de sauce et saupoudrer de brins d'aneth et de baies roses. Servir avec le riz sauvage beurré.

BLANQUETTE DE SAINT-JACQUES

16 coquilles Saint-Jacques
50 g de beurre
16 petits oignons blancs
1 l de fumet de poisson
8 petites carottes nouvelles
200 g de champignons de Paris
1 filet d'huile d'olive
2 échalotes
Quelques brins de cerfeuil
Pour la sauce
25 cl de crème épaisse
1 citron
1 jaune d'œuf
Sel, poivre

Dans une cocotte, mettre 25 g de beurre et faire suer rapidement les petits oignons. Ajouter le fumet de poisson, les carottes épluchées et les champignons de Paris. Amener à ébullition douce et maintenir jusqu'à parfaite cuisson.

Pendant ce temps, ouvrir, nettoyer et rincer les Saint-Jacques. Bien les éponger.

Égoutter les légumes et réserver au chaud.

Mettre 25 g de beurre et un filet d'huile dans une grande poêle. Y faire revenir les échalotes puis saisir vivement les Saint-Jacques. Réserver au chaud.

Préparer la sauce : dans une casserole, verser 2 grosses louches de bouillon de légumes. Faire réduire de moitié à grand feu. Dans un bol, mélanger la crème, le jus de citron, le jaune d'œuf, sel et poivre. Verser dans le jus de cuisson réduit et battre au fouet.

Dans de grandes assiettes creuses, dresser les légumes et les Saint-Jacques. Napper de sauce et décorer avec quelques brins de cerfeuil.

BLINIS DE GRENADIER À L'ANDOUILLE DE VIRE

4 filets de grenadier
1 poireau
1 noix de beurre
Sel, poivre
8 fines tranches d'andouille de Vire
Quelques graines de sésame
Pour les blinis
1/2 cuillerée à café de levure de boulanger
10 cl de lait
50 g de farine de blé
50 g de farine de sarrasin
1 pincée de sel
2 petits œufs (ou 1 très gros)
15 cl de crème épaisse

Préparer la pâte à blinis : délayer la levure dans le lait chaud. Mettre la farine tamisée dans un saladier avec le sel et les jaunes d'œuf puis ajouter progressivement le lait chaud. Bien travailler le mélange au fouet. Couvrir avec un linge et laisser lever au chaud pendant 1 heure. Fouetter la crème en chantilly et l'incorporer à la préparation. Couvrir avec un linge et laisser reposer 30 minutes.

Pendant ce temps, laver et éplucher le poireau. Tailler 4 grandes lanières minces en long dans une feuille verte. Les blanchir à l'eau bouillante puis les réserver.

Émincer très finement le reste du poireau et le cuire à feu doux, au beurre, jusqu'à ce qu'il soit fondu, avec une pincée de sel et poivre. Réserver au chaud.

Faire chauffer une poêle graissée. Y réaliser chaque blini avec 2 cuillerées à soupe de pâte et faire cuire des deux côtés jusqu'à ce qu'ils soient dorés. Réserver au chaud.

Poêler les filets de grenadier et les assaisonner, puis faire sauter vivement au beurre les tranches d'andouille.

Entre deux blinis, disposer une fine couche de fondue de poireau, une tranche d'andouille, un filet de grenadier, une seconde tranche d'andouille et à nouveau de la fondue de poireau. Lier l'ensemble avec une lanière de poireau. Saupoudrer avec des graines de sésame colorées légèrement à sec dans une poêle.

Servir chaud.

BOUILLABAISSE

2 rascasses
1 saint-pierre
4 tranches de fielas (congre)
2 galinettes (rougets grondins)
4 tranches de baudroie (lotte)
2 vives
1 oignon
2 gousses d'ail
2 tomates
15 cl d'huile d'olive
600 g de poissons de roche
3 branches de fenouil
1 branche de persil
Sel, poivre du moulin
4 pommes de terre
1 capsule de safran
10 cl d'huile d'olive
12 croûtons de pain
Pour la rouille
1 pomme de terre déjà cuite
2 gousses d'ail
1 pincée de safran
1 jaune d'œuf
Huile d'olive

Éplucher l'oignon et l'émincer. Écraser l'ail.

Couper les tomates en quartiers. Les faire revenir dans l'huile d'olive puis ajouter les poissons de roche bien nettoyés et laisser cuire 5 minutes. Mouiller avec 1 litre d'eau bouillante.

Ajouter le fenouil et le persil. Assaisonner puis laisser bouillir 1 heure.

Préparer la rouille : écraser au mortier la pomme de terre. Ajouter les 2 gousses d'ail épluchées, la pincée de safran, le jaune d'œuf et monter à l'huile d'olive comme une mayonnaise.

Passer la soupe au moulin à légumes puis au chinois. Reverser la soupe dans une cocotte, ajouter les pommes de terre épluchées et coupées en grosses tranches, puis les poissons selon leur fermeté (dans l'ordre fielas, baudroie, saint-pierre vives, rascasses et galinettes). Safraner.

Remettre à léger frémissement jusqu'à ce que les poissons soient cuits.

Faire griller les croûtons et les ailler.

Retirer les pommes de terre et les poissons, une fois cuits. Les disposer sur un plat, le bouillon en soupière accompagné de croûtons et de rouille.

BOURRIDE

Préparer le bouillon : rincer les petits poissons et vider les plus gros.

Éplucher et émincer les poireaux et les oignons.

Écraser l'ail.

Faire chauffer l'huile et ajouter les légumes, l'ail, le laurier, le thym, le fenouil, les tiges de persil et l'écorce d'orange. Faire revenir quelques minutes et ajouter les poissons de roche, assaisonner.

Mouiller avec 3 litres d'eau bouillante et cuire 20 minutes. Lorsque le bouillon est prêt, retirer les aromates. Passer au moulin à légumes puis au chinois.

Écailler et vider les poissons de la bourride, les rincer puis les couper en tronçons. Garder au frais.

Monter l'ailloli : monter une mayonnaise aillée à l'huile d'olive.

Dans une sauteuse, verser le bouillon et le porter à ébullition. Pocher les poissons de la bourride dans ce bouillon.

Mouiller l'ailloli avec le bouillon chaud et cuire sur feu doux comme pour une crème anglaise. La sauce doit avoir la même texture.

Disposer les morceaux de poisson sur les croûtons dans un plat. Napper de la sauce passée au chinois.

4 tranches de baudroie
2 filets de merlan de Méditerranée
1 loup, 1 aile de raie
Pour le bouillon
1 kg de poissons de roche
2 poireaux
2 oignons
3 gousses d'ail
3 cuillerées à soupe d'huile d'olive
1 feuille de laurier, 2 brins de thym
3 branches de fenouil
2 tiges de persil
1 écorce d'orange séchée
Sel, poivre du moulin
Pour l'ailloli
3 œufs
40 cl d'huile d'olive
6 gousses d'ail violet
Gros sel
12 croûtons

BRANDADE DE MORUE

Faire pocher la morue 5 minutes dans l'eau frémissante.

Peler la gousse d'ail et la piler dans un mortier.

Égoutter le poisson et l'émietter dans une casserole sur feu très doux en y incorporant alternativement l'ail, le lait et l'huile. Travailler jusqu'à l'obtention d'une pâte crémeuse.

Assaisonner.

Servir sans attendre.

500 g de morue dessalée
1 gousse d'ail
10 cl d'huile d'olive
10 cl de lait
Sel, poivre du moulin

BROCHETTES DE CREVETTES ET PÉTONCLES MI-ANGES, MI-DÉMONS

Faire chauffer un filet d'huile dans une poêle et y faire sauter vivement les crevettes décortiquées avec l'ail écrasé, le curry et le paprika. Flamber au cognac puis ajouter un trait de tabasco. Assaisonner puis bien mélanger et réserver au chaud.

Rincer puis égoutter les noix de pétoncles. Les fariner légèrement puis les faire sauter à la poêle dans un filet d'huile d'olive. Flamber au pastis puis assaisonner.

Répartir les crevettes et les noix de pétoncles sur des piques en bois en les alternant.

300 g de crevettes cuites décortiquées
300 g de noix de pétoncles
1 gousse d'ail
1 cuillerée à soupe de curry
1 cuillerée à soupe de paprika
Huile d'olive
1 trait de cognac
Tabasco
Sel, poivre du moulin
Farine
1 trait de pastis

BROCHETTES DE GAMBAS AU RAISIN*

600 g de gambas
15 cl de crème fraîche
1 petit oignon nouveau
1 grappe de raisins blancs
Maïzena
Vin blanc sec
Beurre
Aneth
Sel
Poivre

Décortiquer les gambas et les nettoyer.

Dans une casserole, mettre les têtes et les carapaces des gambas, 2 verres d'eau, un brin d'aneth et une pincée de sel et porter sur le feu. Laisser bouillir 15 minutes en laissant le bouillon réduire d'un tiers.

Filtrer le bouillon ainsi obtenu et remettre sur le feu en ajoutant 1 cuillerée de Maïzena et la crème fraîche. Poivrer et ajouter une dizaine de grains de raisin, puis réserver au chaud.

Enfiler les gambas sur des piques à brochettes, en alternant éventuellement avec des grains de raisin.

Faire revenir les brochettes à la poêle dans une noix de beurre, puis les arroser d'un peu de vin.

Servir immédiatement, accompagné de sauce.

BROCHETTES DE MÉROU ET D'ANANAS

500 g de filets de mérou
2 ananas Victoria
1 oignon
Sel, poivre du moulin
1 citron vert
50 g de beurre
Baies roses

Éplucher et découper les ananas en dés de 5 cm. Éplucher et couper l'oignon en quatre.

Découper les filets de mérou en dés de 5 cm.

Monter les brochettes : un morceau de mérou, un morceau d'ananas, une tranche d'oignon et ainsi de suite. Assaisonner et arroser d'un filet de citron vert.

Cuire les brochettes à la poêle dans le beurre à feu moyen de chaque côté.

Dresser sur chaque assiette une brochette décorée à la pointe d'un morceau de tête d'ananas et parsemée de quelques baies roses.

Servir avec du riz Madras (riz pilaf additionné de raisins de Corinthe et de dés d'ananas).

BROCHETTES DE MOULES

2 kg de moules de Méditerranée
100 g d'échalotes
50 g de persil
250 g de tomates cerises
500 g de mozzarella
20 cl de vin blanc sec
2 œufs
100 g de chapelure
Huile
Sel, poivre du moulin

Gratter et laver les moules.

Éplucher et ciseler l'échalote. Laver et hacher le persil.

Cuire les moules façon marinière (15 minutes) dans le vin blanc. Les égoutter et les décortiquer.

Laver les tomates et couper la mozzarella en dés.

Monter les brochettes : une moule, une tomate, une moule, un dé de mozzarella, etc.

Les paner à l'anglaise (tremper dans les œufs battus puis dans la chapelure).

Cuire les brochettes en les faisant revenir dans l'huile (6 à 7 minutes). Assaisonner.

Servir avec un citron historié (coupé en deux et dentelé sur la tranche).

BROCHETTES DE ROUGETS AUX CREVETTES ET AUX FRUITS

4 filets de rouget
8 grosses crevettes
8 tomates cerises
1 petite courgette
1 poivron vert
8 petits oignons nouveaux
2 brugnons
16 fraises
2 tranches d'ananas
1 banane
Pour la marinade
2 citrons
1 cuillerée à café de gingembre
2 cuillerées à café de miel
Baies roses
Sel, poivre du moulin

Faire tremper 8 grandes brochettes en bambou dans de l'eau pour éviter qu'elles ne brûlent trop facilement pendant la cuisson.

Couper chaque filet de poisson en deux. Décortiquer les crevettes.

Laver les tomates, la courgette, le poivron, les oignons, les brugnons et les fraises. Les éponger. Couper les tranches d'ananas en 8 morceaux.

Enlever la partie verte des oignons puis les fendre en deux.

Tronçonner la courgette et la banane épluchée. Détailler des quartiers dans les brugnons. Couper le poivron en morceaux.

Préparer la marinade : dans une terrine, mettre le jus des citrons, 1 cuillerée à café de gingembre râpé, 2 cuillerées à café de miel, quelques baies roses, sel et poivre. Y mettre le poisson, les crevettes et les légumes à macérer au moins 30 minutes.

Préchauffer le gril du four à 200 °C (thermostat 6/7).

Enfiler tous les ingrédients en les alternant sur les brochettes. Cuire 10 minutes sous le gril en arrosant régulièrement avec la marinade. Servir chaud.

BROCHETTES MÉDITERRANÉENNES

12 grosses crevettes
250 g de filets de lotte
32 tomates cerises
1 petite courgette
1 aubergine
1 poivron jaune
1 citron
1 filet d'huile d'olive
Plusieurs branches de thym
Sel, poivre

Détailler la lotte en cubes et disposer-les avec les crevettes et les tomates dans un plat creux. Y ajouter la courgette, l'aubergine et le poivron détaillés en quartiers. Arroser de jus de citron et d'huile d'olive. Saupoudrer de fleur de thym. Assaisonner. Couvrir d'un film alimentaire et laisser macérer au frais 30 minutes en remuant plusieurs fois.

Pendant ce temps, faire tremper de grandes piques en bambou ou en bois dans de l'eau tiède pour éviter qu'elles ne prennent feu trop facilement.

Monter les brochettes : répartir les divers ingrédients sur les piques. Faire cuire au barbecue, sur un gril ou au four jusqu'à ce que le poisson soit cuit. Badigeonner de temps en temps avec la marinade en se servant d'une branche de thym comme pinceau.

« BRUSCHETTA » AUX COQUES*

Mettre les coques dans un récipient rempli d'eau salée et les laisser dégorger pendant 2 heures, puis les égoutter et les mettre dans une casserole. Les faire ouvrir à feu vif puis extraire les mollusques.

Faire revenir 1 gousse d'ail émincée dans 2 cuillerées à soupe d'huile puis ajouter les coques et laisser cuire 5 minutes en mouillant d'un peu de vin.

Faire griller les tranches de pain, puis les frotter à l'ail.

Disposer sur le pain les tomates coupées en petits dés et les coques.

Saler, poivrer, arroser d'un filet d'huile d'olive et terminer par le basilic déchiqueté en petits morceaux.

Servir immédiatement.

800 g de coques
4 tranches de pain de campagne
4 tomates
2 gousses d'ail
Vin blanc sec
Huile d'olive
Basilic
Sel, poivre

BULOTS AU BEURRE D'AIL

4 douzaines de bulots crus
250 g de beurre demi-sel
2 gousses d'ail
1 échalote
1 cuillerée à soupe de persil haché finement
Sel, poivre

Nettoyer les bulots à l'eau courante. Les mettre dans une cocotte. Couvrir d'eau froide salée et les faire cuire 15 à 20 minutes.

Laisser ramollir le beurre à température ambiante puis le travailler en pommade au mortier avec l'ail pelé et écrasé, l'échalote hachée finement et le persil. Assaisonner.

Égoutter les bulots puis les décoquiller après avoir ôté l'opercule. Éliminer l'extrémité du boyau plus sombre.

Mettre une pointe de beurre d'ail au fond de chaque coquille puis un bulot et à nouveau du beurre d'ail.

Disposer dans des assiettes à escargots ou sur un lit de gros sel.

Passer au four 5 minutes pour faire fondre le beurre. Servir aussitôt.

CABILLAUD EN CROÛTE D'HERBES

500 g de filets de cabillaud
4 tranches de pain de mie
2 cuillerées à soupe de persil
2 cuillerées à soupe de cerfeuil
2 cuillerées à soupe d'estragon
2 échalotes
1 pincée de curry
1 pincée de paprika
50 g beurre
Sel, poivre

Faire sécher au four les tranches de pain de mie sans qu'elles prennent trop de coloration, puis les émietter. Mélanger avec le persil, le cerfeuil et l'estragon hachés, les échalotes émincées, le curry et le paprika puis malaxer avec 50 g de beurre ramolli.

Assaisonner les filets de cabillaud puis les couvrir avec la pâte aux herbes et faire cuire au four dans un plat beurré pendant 5 minutes à 200 °C (thermostat 6/7).

CABILLAUD MARINÉ AU CITRON VERT

500 g de filet de cabillaud
2 citrons verts
Sel, poivre
1 poivron rouge
1 poivron vert
400 g de riz
1 avocat bien mûr
Quelques feuilles de basilic
1 gousse d'ail
6 cuillerées à soupe d'huile d'olive
Tabasco
Coriandre

Disposer le poisson détaillé en morceaux sur un plat légèrement creux, en une seule couche. Réserver quelques rondelles de citron pour la décoration et presser le reste. En verser le jus sur les filets de cabillaud. Saler et poivrer modérément. Couvrir d'un film alimentaire puis mettre au frais une nuit au réfrigérateur.

Égoutter les filets et réserver la marinade.

Couper les poivrons en quatre. Retirer les pépins et les côtes puis faire griller à four très chaud jusqu'à ce que la peau noircisse. Emballer alors dans du film et laisser reposer 5 minutes. Peler les quartiers de poivron puis les trancher finement.

Cuire le riz dans un grand volume d'eau salée puis l'égoutter. Le faire refroidir.

Détailler la chair de l'avocat en petits cubes.

Mixer les feuilles de basilic avec l'huile, l'ail pelé fendu en quatre et la marinade du poisson. Ajouter un trait de Tabasco puis rectifier l'assaisonnement.

Dans un saladier, mélanger le riz, l'avocat et le poivron. Disposer dessus le poisson. Parsemer de quelques brins de coriandre ciselée et de tranches de citron. Servir avec la marinade en saucière.

CABILLAUD VAPEUR À LA FONDUE DE POIREAUX ET SAUCE MOUSSELINE

800 g de filet de cabillaud
2 gros poireaux
2 feuilles de laurier
Graines de coriandre
Persil plat
Pour la sauce mousseline
50 g beurre
1/2 verre de vin blanc liquoreux
3 jaunes d'œufs
Sel, poivre
4 cuillerées à soupe de crème épaisse

Laver puis effiler les poireaux.

Préparer la sauce mousseline : faire fondre le beurre à feu doux et maintenir au chaud.

Dans une petite casserole, verser le vin. Ajouter les jaunes d'œufs. Saler et poivrer. Poser sur feu doux et battre au fouet jusqu'à ce que les jaunes doublent de volume. Verser alors petit à petit le beurre fondu très chaud sans cesser de fouetter puis incorporer la crème. Rectifier au besoin l'assaisonnement.

Garder la sauce au bain-marie et la fouetter de temps à autre.

Dans un cuit-vapeur, verser 1 litre d'eau et porter à ébullition. Déposer dans le panier supérieur le poireau effilé avec le laurier et laisser cuire 5 minutes. Ajouter le filet de cabillaud coupé en 4 portions. Parsemer de graines de coriandre. Remettre dans le cuit-vapeur et cuire de 8 à 10 minutes suivant l'épaisseur des morceaux de poisson.

Dresser sur assiettes. Parsemer de persil ciselé et accompagner avec la sauce mousseline.

CALAMARS À LA MÉRIDIONALE

8 calamars
1 oignon
1 gousse d'ail
1 petit piment
1 filet d'huile d'olive
1 cuillerée à café de curcuma
Sel, poivre
1 petite courgette
1 poivron rouge
1/2 verre de vin blanc sec
Basilic
Safran

Vider les calamars. Les laver puis les essuyer.

Faire revenir l'oignon émincé, l'ail et le piment écrasés dans une grande poêle avec un filet d'huile.

Ajouter les calamars, le curcuma. Assaisonner puis faire cuire 20 minutes à feu vif.

Émincer la courgette et le poivron et les ajouter aux calamars. Mouiller avec le vin blanc.

Poursuivre la cuisson 20 minutes.

Garnir de quelques brins de basilic et servir avec du riz à l'étuvée parfumé au curcuma et au safran.

CALAMARS ET LANGOUSTINES AU FROMAGE DE HOLLANDE

600 g de calamars
8 langoustines
4 tomates
4 cuillerées à soupe de sucre
Sel, poivre
10 cl d'huile d'olive
Quelques feuilles de basilic
200 g de fromage de Hollande

Passer les tomates quelques secondes à l'eau bouillante puis dans de l'eau froide. Les peler puis les couper en deux et les presser pour enlever les pépins. Laisser égoutter 1 heure dans une passoire. Les cuire dans un plat, salées, poivrées et sucrées (1 cuillerée à soupe de sucre par tomate) et un trait d'huile d'olive au four à 100 °C (thermostat 3/4) pendant 1 heure 30.

Préparer les calamars : tirer la tête et les viscères puis enlever la plume transparente du corps. Trancher les tentacules juste devant les yeux puis jeter le reste de la tête. Couper les nageoires triangulaires puis ôter la peau en tirant dessus (après avoir passé les doigts dans du sel). Ôter le bec (partie dure au centre des tentacules). Rincer soigneusement l'ensemble sous l'eau froide. Les émincer.

Décortiquer les queues de langoustines.

Laver les feuilles de basilic et les faire revenir 1 minute dans l'huile d'olive.

Faire revenir les calamars et les queues de langoustines dans l'huile d'olive.

Couper le fromage de Hollande en tranches fines.

Dans une assiette, dresser les calamars, les queues de langoustines, les feuilles de basilic et les tranches de fromages. Passer au four 1 minute et servir.

CALAMARS FARCIS À LA PROVENÇALE

1 kg de calamars
150 g de riz
150 g de pain de mie
10 cl de lait
1 botte de persil
2 gousses d'ail
1 kg de tomates
1 trait d'huile d'olive
10 cl de vin blanc
Sel, poivre

Préparer les calamars : retirer la tête et les viscères puis enlever la plume transparente du corps. Trancher les tentacules juste devant les yeux puis jeter le reste de la tête. Couper les nageoires triangulaires puis ôter la peau en tirant dessus (s'aider en passant les doigts dans du sel). Ôter le bec (partie dure au centre des tentacules). Rincer soigneusement les calamars sous l'eau froide. Les émincer.

Cuire le riz (façon créole).

Mettre le pain de mie à tremper dans le lait. Faire la persillade (hacher le persil et l'ail).

Passer les tomates quelques secondes à l'eau bouillante puis dans de l'eau froide. Les peler puis les couper en deux et les presser pour enlever les pépins. Laisser égoutter 1 heure dans une passoire puis les couper en dés.

Mélanger le riz à la mie de pain et à la persillade (en garder un peu). Assaisonner. Farcir les calamars avec cette préparation.

Faire revenir les calamars dans l'huile d'olive. Mouiller avec le vin blanc, puis ajouter les tomates et un peu d'eau et faire mijoter 15 minutes.

Dresser à l'assiette et saupoudrer de persillade.

CALAMARS FRITS

Préparer les calamars : retirer la tête et les viscères puis enlever la plume transparente du corps. Trancher les tentacules juste devant les yeux puis jeter le reste de la tête. Couper les nageoires triangulaires puis ôter la peau en tirant dessus (s'aider en passant les doigts dans du sel). Ôter le bec (partie dure au centre des tentacules). Rincer soigneusement les calamars sous l'eau froide. Les émincer et les fariner. Assaisonner légèrement.

Éplucher et couper les racines des petits oignons. Couper le citron en quartiers.

Faire frire les calamars dans une friteuse à 180° C pendant 8 minutes. Les faire égoutter sur du papier absorbant.

Servir les calamars avec quelques oignons et un quartier de citron.

1,2 kg de calamars
100 g de farine
150 g de petits oignons blancs
1 citron
Sel, poivre
Huile de friture

CARPACCIO D'ESPADON

Disposer les filets dans une terrine et arroser avec le vinaigre et le jus de 2 citrons. Ajouter une cuillerée à café de baies roses. Couvrir avec un film plastique et laisser macérer 24 heures au frais.

Égoutter les filets puis les disposer sur le plat de service. Préparer une vinaigrette avec de l'huile, du jus de citron, sel et poivre. Décorer avec des rondelles de citron, quelques baies roses et des pluches de cerfeuil.

600 g de filets d'espadon
1/2 l de vinaigre blanc
4 citrons
Baies roses
Huile d'olive
Sel, poivre
Cerfeuil

CARPACCIO DE SAUMON

Sur un plat de service légèrement creux, disposer les tranches de saumon en évitant qu'elles ne se chevauchent. Assaisonner généreusement d'une vinaigrette composée d'huile d'olive, de jus de citron et de sel. Ajouter quelques baies de poivre vert, des languettes de zeste de citron, des pluches d'aneth et de cerfeuil. Couvrir d'un film plastique et laisser macérer au frais de 1 à 2 heures.

600 g de saumon fumé en tranches très fines
1 citron vert non traité
1 citron jaune non traité
6 cuillerées à soupe d'huile d'olive
Sel, poivre vert
Aneth
Cerfeuil

CHOU-FLEUR SAUTÉ AUX CREVETTES

400 g de crevettes cuites
500 g de chou-fleur
1 filet d'huile d'olive
1 pincée de cumin
1 cuillerée à soupe de curry
1 cuillerée à café de piment de Cayenne
Sel, poivre

Faire cuire à grande eau légèrement salée les fleurettes de chou-fleur en leur laissant un minimum de croquant.

Décortiquer les crevettes.

Dans une poêle, faire chauffer un filet d'huile puis y faire sauter vivement les crevettes et le chou-fleur avec le cumin, le curry et le piment de Cayenne. Rectifier l'assaisonnement et servir chaud.

CHOUCROUTE DE POISSONS

Faire cuire les pommes de terre à la vapeur.

Bien rincer le chou sous l'eau froide courante puis égoutter.

Dans une cocotte en fonte, faire revenir l'ail pelé écrasé et l'oignon émincé dans la graisse d'oie. Ajouter le chou, tout le vin moins un verre réservé pour confectionner la sauce, les baies de genièvre et les graines de coriandre enfermées dans un petit carré de mousseline. Assaisonner très légèrement puis faire cuire au four, à couvert, pendant 30 minutes à 180 °C (thermostat 6).

Ajouter le haddock, le saumon et la lotte détaillés en gros morceaux. Poursuivre la cuisson 15 minutes.

Ajouter alors les moules grattées et lavées puis les crevettes. Prolonger la cuisson 5 minutes.

Pendant ce temps, dans une casserole, faire réduire à sec l'échalote et l'estragon hachés avec le vin réservé. Ajouter ensuite la crème fraîche, sel et poivre. Faire épaissir sur feu doux une dizaine de minutes. Passer au chinois puis monter au beurre en fouettant vigoureusement.

Dans les assiettes de service, dresser le chou en dôme, les poissons et les pommes vapeur autour, les crevettes et les moules dessus. Arroser de sauce et servir aussitôt.

400 g de haddock
500 g de filet de saumon
500 g de lotte
12 grosses crevettes, 500 g de moules
8 pommes de terre moyennes à chair ferme
1 kg de choucroute crue
1 gousse d'ail, 1 oignon
1 cuillerée à soupe de graisse d'oie
1 bouteille de 75 cl de vin d'Alsace blanc sec
10 baies de genièvre
1 cuillerée à soupe de graines de coriandre
1 échalote
Quelques brins d'estragon
50 cl de crème épaisse
Sel, poivre
75 g de beurre

COCKTAIL DE CREVETTES ET D'ASPERGES*

Laver les crevettes et les ébouillanter avec une feuille de laurier, une pincée de thym et quelques grains de poivre, puis les égoutter et les décortiquer.

Faire cuire les asperges dans de l'eau bouillante salée, puis réserver les pointes que vous utiliserez seules.

700 g de grosses crevettes
un cœur de laitue
700 g d'asperges
200 g de yaourt
300 g de mayonnaise
Ciboulette
Thym
Laurier
Ketchup
Tabasco
Poivre en grains

Laver et trier la salade. Utiliser quatre grandes feuilles de laitue pour chemiser quatre petites coupes individuelles.

Dans une terrine, mélanger les crevettes, le reste de la salade coupée en lanières, les pointes d'asperges, la mayonnaise, 1 cuillerée à soupe de ketchup, le yaourt, quelques gouttes de tabasco et la ciboulette hachée.

Saler et mélanger délicatement avant de servir dans les coupelles. Garder au réfrigérateur jusqu'au moment de servir.

COQUILLAGES GRATINÉS AU BEURRE DE CORIANDRE ET AU CITRON

600 g de moules
600 g de palourdes
125 g de beurre
1 citron vert non traité
4 cuillerées à soupe de coriandre fraîche ciselée
Sel, poivre

Nettoyer les coquillages et les faire tremper pendant 2 heures dans de l'eau froide salée.

Les faire ouvrir à feu vif dans une sauteuse. Les égoutter. Éliminer impitoyablement tout coquillage suspect. Enlever l'une des deux coquilles et ranger les coquillages soigneusement sur des assiettes allant au four.

Travailler le beurre en pommade avec le zeste de citron râpé et la coriandre ciselée. Assaisonner.

Disposer une noisette de beurre parfumé dans chaque coquillage ainsi que 2 gouttes de jus de citron.

Gratiner quelques instants à four très chaud et servir aussitôt.

COQUILLES SAINT-JACQUES EN COQUE DE PÂTE FEUILLETÉE

2 kg de coquilles Saint-Jacques
1 botte de poireaux
80 g de beurre
20 cl de crème fleurette
2 pincées de paprika
Sel, poivre
1 botte de ciboulette
250 g de pâte feuilletée (1 rouleau)
1 jaune d'œuf

Préparer les Saint-Jacques : les ouvrir, les vider, les rincer (enlever le sable et récupérer la noix et le corail). Réserver au frais.

Nettoyer 4 coquilles vides.

Laver et émincer les poireaux puis les faire suer au beurre.

Monter les coquilles : dans chaque coquille, mettre un fond de poireaux émincés, 3 noix de Saint-Jacques. Crémer. Saupoudrer de paprika puis assaisonner et mettre quelques pointes de ciboulette.

Étaler la pâte feuilletée et en recouvrir les coquilles remplies. Bien souder la pâte feuilletée tout autour de la coquille en faisant un retour de 1 cm sur le dessous. Dorer au jaune d'œuf et enfourner à 220 °C (thermostat 7/8) pendant 10 minutes.

Servir aussitôt sur assiettes.

CRABE FARCI

Mettre les crabes 2 heures au congélateur pour les tuer « en douceur » (mais pas plus longtemps pour ne pas les congeler). Les disposer dans un grand faitout avec de l'eau salée. Amener à ébullition puis laisser frémir 20 minutes. Laisser refroidir dans l'eau salée puis égoutter.

Enlever les pattes et les pinces. Les décortiquer. Ouvrir la carapace par le dessous. Tenir fermement le crabe sur le dos puis passer une forte lame de couteau sous la carapace et soulever. Éliminer les ouïes blanches. Retirer la chair et la réserver. Nettoyer la carapace pour l'utiliser comme support de présentation.

Prélever le zeste du citron et le détailler en fine julienne.

Dans une poêle, faire revenir avec un filet d'huile d'olive l'ail épluché et haché, l'oignon et l'échalote ciselés, le petit piment haché (retirer les pépins et les membranes intérieures blanchâtres pour en atténuer le feu). Ajouter la chair de crabe (corps, pinces et pattes), le zeste de citron et faire sauter 5 minutes.

Ajouter la crème. Assaisonner.

Garnir chaque carapace de crabe avec cette préparation. Saupoudrer de chapelure et arroser d'un peu de beurre fondu et de jus de citron.

Mettre au four à 180 °C (thermostat 6) pendant 15 minutes.

Servir aussitôt.

4 crabes
1/2 citron vert non traité
1 filet d'huile d'olive
1 oignon
1 gousse d'ail
1 échalote
1 petit piment
1 cuillerée à soupe de crème épaisse
Sel, poivre
4 cuillerées à soupe de chapelure
25 g de beurre

CREVETTES EN AUMÔNIÈRES DE FLÉTAN

Préparer la sauce cocktail : monter une mayonnaise avec l'œuf, la moutarde, le sel, le poivre et l'huile. Y ajouter le ketchup et le cognac puis les crevettes.

Étaler les tranches de flétan. Saler, poivrer. Arroser d'un peu de jus de citron puis garnir le centre avec la mayonnaise aux crevettes. Refermer l'aumônière et maintenir avec un brin de ciboulette. Servir frais.

8 fines tranches de flétan
Sel, poivre
1 citron
8 brins de ciboulette
Pour la sauce cocktail
1 jaune d'œuf
1 cuillerée à café de moutarde
Sel, poivre
20 cl d'huile
1 cuillerée à café de ketchup
1 cuillerée à café de cognac
200 g de crevettes décortiquées

CROUSTILLANTS DE SAUMON AU PAMPLEMOUSSE

Préchauffer le four à 150 °C (thermostat 5). Badigeonner les feuilles de brick d'huile d'olive puis les superposer deux par deux. À l'aide d'un bol et d'un couteau, découper 3 cercles dans chaque feuille pour obtenir 12 cercles. Les faire dorer 5 minutes sur la plaque du four puis les laisser refroidir.

Peler les pamplemousses à vif et retirer chaque quartier.

Tailler les tranches de saumon en lanières.

Fouetter la crème. Ajouter un peu d'aneth et de ciboulette ciselée, le jus de citron puis assaisonner.

Placer 4 cercles dans les assiettes, garnir de lanières et d'œufs de saumon, parsemer de fines herbes, de quartiers de pamplemousse, placer les 4 autres cercles dessus, les garnir de nouveau puis terminer par les 4 derniers cercles.

Décorer de salades mélangées et assaisonnées, et d'un peu de crème fouettée aux herbes.

3 tranches de saumon fumé
8 feuilles de brick
5 cl d'huile d'olive
2 pamplemousses roses
10 cl de crème fleurette
1 bouquet d'aneth
1 bouquet de ciboulette
1 citron
Sel, poivre du moulin
35 g d'œufs de saumon
150 g de salades mélangées

CROUSTILLES AUX ÉPINARDS ET AU SABRE

200 g de filets de sabre
300 g d'épinards lavés et bien égouttés
1 cuillerée à soupe d'origan frais
300 g de semoule fine de blé dur
2 gros œufs
100 g de parmesan râpé
1 cuillerée à café de cumin en poudre
1 cuillerée à café de baies roses moulues
1 cuillerée à café de sel de céleri
1 pincée de sel
Huile de friture
Farine

Dans le bol d'un robot ménager, hacher les épinards, l'origan et les filets de poisson. Ajouter la semoule de blé dur, les œufs, le parmesan, le cumin, les baies roses, le sel de céleri et une pincée de sel. Bien mélanger.

Pétrir la pâte 7 à 8 minutes jusqu'à ce qu'elle soit lisse et élastique en rajoutant éventuellement un peu de farine. La pâte doit être légèrement sèche et pas collante. Couvrir d'un linge humide ou emballer dans un film alimentaire et laisser reposer au moins 30 minutes.

Séparer la pâte en 4 portions puis, à l'aide d'un rouleau à pâtisserie ou d'un laminoir, abaisser chaque pâton en une feuille très mince. Saupoudrer chaque feuille d'un peu de farine puis laisser reposer 15 minutes.

Tailler les feuilles en carrés de 4 cm de côté à l'aide d'une roulette.

Faire chauffer un bain de friture à 185 °C et y jeter 1 ou 2 croustilles pour vérifier la température.

Cuire les croustilles une dizaine de secondes par très petites quantités pour ne pas refroidir trop la friture. Retirer et égoutter sur du papier absorbant. Laisser refroidir.

Arroser de quelques gouttes de jus de citron au moment de servir ou proposer en assaisonnement une mayonnaise aillée.

CROÛTES OCÉANES

100 g d'anchois frais
200 g de sardines fraîches
2 grosses tomates
Huile d'olive
1/2 verre de vin blanc sec
Tabasco
2 gousses d'ail
Quelques brins de persil plat
Sel, poivre
8 belles tranches de pain de campagne

Nettoyer les poissons. Ôter la tête et l'arête centrale. Les rincer à l'eau froide puis les éponger. Peler et épépiner les tomates.

Dans une grande poêle, faire chauffer un peu d'huile avec la chaire concassée des tomates, le vin et 1 trait de tabasco. Amener à ébullition et maintenir 5 minutes en remuant. Ajouter les anchois, les sardines, 1 gousse d'ail et 2 brins de persil. Poursuivre la cuisson pendant 5 minutes. Assaisonner. Passer au moulin à légumes puis garder au chaud.

Faire griller les tranches de pain. Les frotter d'ail (selon votre goût) puis disposer généreusement dessus la purée de poisson chaude. Décorer de quelques pluches de persil.

Servir sans attendre.

DARNE DE MERLU À LA SAUCE PALOISE

4 darnes de merlu
4 petites courgettes
Huile d'olive
4 brins de cerfeuil
4 cuillerées à soupe de fromage frais
1 gousse d'ail
1 l de fumet de poisson
Sel, poivre
Pour la sauce béarnaise
200 g de beurre
2 échalotes
15 cl de vin blanc sec
15 cl de vinaigre de cidre
Poivre
4 jaunes d'œufs
1 cuillerée à soupe de feuilles de menthe

Laver puis détailler les courgettes en petits cubes. Les faire cuire à la poêle avec un filet d'huile d'olive. Assaisonner et réserver au chaud.

Préparer la sauce béarnaise : clarifier le beurre et le maintenir au chaud. Dans une casserole, faire réduire à sec l'échalote émincée finement, le vin, le vinaigre et du poivre. Laisser refroidir puis ajouter les jaunes d'œufs et 1 cuillerée à soupe d'eau froide. Mélanger au fouet tout en chauffant progressivement jusqu'à obtention d'une pommade. Ajouter alors le beurre par petites quantités sans cesser de fouetter.

Passer la sauce au chinois. Assaisonner puis ajouter la menthe ciselée.

Réserver au chaud au bain-marie.

Monter un blanc d'œuf en neige ferme et le mélanger avec le fromage frais et l'ail pelé écrasé puis réserver au frais.

Faire pocher quelques minutes les darnes de poisson dans le fumet. Bien les égoutter.

Dresser les darnes de merlu sur un fond de sauce béarnaise à la menthe et les couvrir de fromage frais à l'ail et d'un brin de cerfeuil. Servir les courgettes sautées à part.

DARNES D'ESPADON À L'AIL CONFIT

4 darnes d'espadon
2 cuillerées à soupe de graisse d'oie
24 gousses d'ail
500 g de pommes de terre à chair ferme
Sel, poivre
Quelques brins de persil plat

Dans un plat, mettre un peu de graisse d'oie et les gousses d'ail pelées puis faire cuire au four pendant 45 minutes à 150 °C (thermostat 5). Réserver l'ail égoutté au chaud sur une assiette. Disposer les darnes d'espadon dans la graisse de cuisson. Remettre au four et faire cuire une dizaine de minutes.

Pendant ce temps, éplucher et tailler les pommes de terre en rondelles fines. Les faire sauter à la graisse d'oie. Assaisonner.

Dresser le poisson, l'ail confit et les pommes de terre sautées sur des assiettes et parsemer de persil ciselé.

Servir sans attendre.

DAUBE DE POULPE À LA TOMATE

1,5 kg de poulpe
8 belles tomates
1 filet d'huile d'olive
1 oignon
4 gousses d'ail
1 cuillerée à soupe de farine
25 cl de vin rouge corsé
4 filets d'anchois
Quelques brins d'origan

Trancher chaque poulpe entre la tête et les tentacules, juste devant les yeux. Ôter le bec en poussant avec le doigt au centre des tentacules et le jeter. Couper ensuite les yeux et les éliminer puis retirer la peau de la tête. Rincer soigneusement le poulpe sous l'eau froide. Éponger puis couper en morceaux.

Passer les tomates quelques secondes à l'eau bouillante puis dans de l'eau froide. Les peler puis les couper en deux et les presser pour enlever les pépins. Laisser égoutter 1 heure dans une passoire avant de les hacher grossièrement.

Dans une sauteuse, faire chauffer un filet d'huile d'olive et y faire fondre doucement l'oignon émincé et l'ail écrasé. Augmenter le feu et ajouter les morceaux de poulpes. Remuer jusqu'à changement de couleur. Saupoudrer de 1 cuillerée de farine. Bien mélanger puis mouiller avec le vin rouge.

Laisser réduire 7 à 8 minutes puis ajouter les tomates concassées, les anchois coupés en petits morceaux et l'origan. Assaisonner.

Laisser cuire 1 heure 30 à petit frémissement sans couvrir.

Servir avec du riz blanc.

DAURADE MULTICOLORE

1 belle daurade
20 cl d'huile d'olive
4 tomates
1 poivron rouge, 1 poivron vert
50 g d'olives vertes
1 petit piment
1 gousse d'ail, 1 oignon
Quelques brins de persil
Quelques feuilles de basilic
1 citron vert
20 g de câpres
1 verre de vin blanc sec
Sel, poivre du moulin

Écailler et vider le poisson. Le couper en tranches de 2 cm d'épaisseur puis le badigeonner d'huile d'olive.

Laver et couper en petits dés les poivrons, tomates, olives, piment et ail. Éplucher et ciseler l'oignon. Hacher les herbes et arroser le tout de jus de citron.

Saisir les tranches de poisson 1 minute de chaque côté dans une poêle puis les placer dans un plat allant au four en reconstituant le poisson. Répartir les dés de légumes et les câpres sur le poisson. Ajouter le vin blanc. Assaisonner et faire cuire pendant 25 minutes à 200 °C (thermostat 6/7).

DAURADES AU CITRON VERT

4 daurades moyennes vidées
4 citrons verts non traités
2 gousses d'ail
1 cuillerée à soupe de gingembre râpé
4 cuillerées à soupe d'huile d'olive
Sel, poivre
Coriandre
Petits piments frais

Prélever le zeste de 3 citrons.

Mélanger dans un grand bol l'ail écrasé, le gingembre râpé, le jus de 3 citrons, l'huile d'olive, et 4 cuillerées à soupe d'eau bouillante, une pincée de sel.

Entailler chaque côté des poissons et badigeonner généreusement de marinade (intérieur et extérieur).

Répartir le zeste de citron à l'intérieur des poissons. Poivrer. Trancher le dernier citron en rondelles fines et les disposer dessus. Emballer séparément dans du papier aluminium sans trop serrer et disposer sur la plaque du four.

Faire cuire à four 180 °C (thermostat 6) environ 30 minutes. Badigeonner de temps en temps avec le reste de marinade.

Parsemer de coriandre ciselée et de piments émincés à volonté.

DAURADES AU FENOUIL GRILLÉ

4 daurades
1 bouquet de fenouil en branches séché
2 bulbes de fenouil
20 cl d'huile d'olive
Sel, poivre

Habiller les daurades : les écailler, les vider et les laver.

Remplir le ventre de branches de fenouil séché.

Laver et couper les bulbes de fenouil en deux. Les badigeonner d'huile d'olive.

Badigeonner d'huile les dorades et le gril et cuire à feu vif 7 minutes de chaque côté. Faire griller les bulbes de fenouil à feu moyen 10 minutes de chaque côté. Assaisonner.

DIPLOMATE AUX GAMBAS*

500 g de gambas
250 g de pâte feuilletée
250 g de fromage fondu
10 cl de crème fraîche
1 citron
1 tomate
Purée de tomates
Mayonnaise
Aneth
Sel
Poivre

Faire cuire les gambas à l'eau et en décortiquer les trois quarts.

Étendre la pâte en 2 disques de dimensions égales, les disposer sur une plaque, piquer de trous à l'aide d'une fourchette et enfourner 10 minutes à 220 °C.

Dans une terrine, travailler le fromage avec un trait de jus de citron, 1 cuillerée à soupe de purée de tomates, 3 cuillerées à soupe de mayonnaise, la crème fraîche, saler, poivrer, ajouter l'aneth et, pour finir, les gambas décortiquées et grossièrement hachées.

Disposer un disque de pâte sur un plat de service, recouvrir avec le mélange, puis terminer en couvrant avec le second disque de pâte.

Garnir avec la tomate et le restant de gambas entières.

Servir immédiatement.

DOS DE CABILLAUD AU CAVIAR D'AUBERGINE ET AUX NOUILLES À L'ENCRE

500 g de filets de cabillaud avec la peau
400 g d'aubergines
1 pincée de cumin
1 pincée de graines de coriandre
1 gousse d'ail
Huile d'olive
1 petit citron
Gros sel, sel, poivre
250 g de nouilles à l'encre
25 g de beurre

Laver puis couper en deux les aubergines dans le sens de la longueur. Les cuire au four pendant 20 à 25 minutes à 200 °C (thermostat 6/7) sur un lit de gros sel.

Réduire en poudre le cumin et la coriandre.

Enlever la peau des aubergines puis hacher la chair avec l'ail pelé, le cumin et la coriandre. Ajouter 2 cuillerées à soupe d'huile d'olive et le jus du citron. Assaisonner puis réserver au chaud.

Faire bouillir un grand volume d'eau salée et y cuire les nouilles à l'encre.

Assaisonner les filets de cabillaud. Chauffer le beurre et un filet d'huile dans une poêle et y faire cuire le poisson environ 3 minutes par face, en commençant par le côté peau.

Répartir le caviar d'aubergine dans les assiettes. Y déposer les morceaux de cabillaud poêlés et accompagner des nouilles à l'encre égouttées.

ESCALOPES DE TRUITE MARINÉES

1 gros filet de truite de mer
2 citrons verts non traités
1 filet d'huile d'olive
Sel, poivre
1 cuillerée à café de baies roses
1 cuillerée à café de graines de coriandre
Aneth

Enlever la peau et les arêtes de la truite puis escaloper les filets à l'aide d'un grand couteau.

Disposer dans un plat légèrement creux en évitant que les tranches ne se superposent.

Couper les citrons en deux et réserver quelques tranches pour la décoration. Presser le jus et le répartir sur le poisson avec un filet d'huile d'olive. Saler légèrement et poivrer. Saupoudrer avec la coriandre et les baies roses. Ajouter quelques brins d'aneth. Disposer les tranches de citron puis couvrir avec un film alimentaire. Laisser mariner au réfrigérateur pendant 2 à 3 heures avant de servir.

ÉTRILLES À L'ESPAGNOLE

1 kg d'étrilles vivantes
3 cuillerées à soupe d'huile d'olive
3 gousses d'ail
2 petits piments
600 g de tomates concassées
1 orange non traitée
2 feuilles de laurier
Thym
Graines de coriandre
Safran
Sel, poivre

Mettre l'huile dans une cocotte en fonte. Y faire revenir l'ail pelé et émincé. Ajouter les étrilles et les piments. Couvrir puis laisser cuire 2 minutes.

Ajouter les tomates, le jus de l'orange, quelques filaments de zeste, le thym, le laurier et la coriandre. Assaisonner.

Poursuivre la cuisson 5 minutes à couvert. Maintenir au chaud.

Servir avec du riz à l'étuvée parfumé au curcuma et au safran.

FEUILLETÉS DE COQUES AU ROQUEFORT DOUX

500 g de coques
400 g de pâte feuilletée
2 petits poireaux
1 œuf, 75 g de beurre
Sel, poivre, farine
Quelques brins de persil plat
Pour la sauce au roquefort
2 échalotes
1/2 verre de vin blanc moelleux
50 cl de crème épaisse, 200 g de roquefort
Sel, poivre

Nettoyer les coques puis les faire ouvrir rapidement à feu vif dans une grande poêle ou une sauteuse. Les égoutter puis les décoquiller.

Abaisser la pâte feuilletée sur du papier sulfurisé en un grand carré de 1 cm d'épaisseur. Le découper en 4 petits carrés et séparer chaque morceau de ses voisins. Badigeonner de jaune d'œuf légèrement battu et cuire 20 minutes au four à 180° C (thermostat 6). Réserver au chaud.

Pendant ce temps, éplucher et laver les poireaux puis les détailler en fine julienne. Les faire fondre 25 minutes environ dans une casserole, à couvert, avec une noix de beurre, sel et poivre.

Préparer la sauce : éplucher les échalotes. Les émincer finement et les faire réduire à sec dans une casserole avec le vin blanc moelleux. Ajouter la crème épaisse et le fromage de roquefort. Laisser cuire 5 minutes à feu doux puis passer au chinois. Assaisonner puis réserver au chaud au bain-marie.

Dans une poêle, faire fondre une noix de beurre et y faire sauter vivement les coques préalablement passées dans la farine. Laisser cuire de 2 à 3 minutes puis réserver au chaud.

Trancher les carrés de feuilletage gonflés en deux dans le sens de l'épaisseur. Creuser chaque base sans toutefois passer au travers puis la dresser sur les assiettes de service. Remplir avec un fond de poireau, les coques par-dessus et napper de 1 cuillerée de sauce. Parsemer d'un peu de persil ciselé puis poser le couvercle. Entourer avec le reste de poireau et de coque. Servir la sauce en saucière.

FILET D'AIGLEFIN BRAISÉ À LA MÉRIDIONALE

800 g de filet d'aiglefin
300 g d'oignons
300 g de tomates
200 g de champignons de Paris
1 citron
Sel, poivre
1 bouquet garni
15 cl d'huile d'olive
20 cl de vin blanc sec
1 branche de thym

Préparer les légumes : éplucher et émincer les oignons.
Passer les tomates quelques secondes à l'eau bouillante puis dans de l'eau froide. Les peler puis les couper en deux et les presser pour enlever les pépins. Laisser égoutter 1 heure dans une passoire. Les couper en quartiers.

Laver, éplucher et escaloper les champignons. Les citronner. Détailler le filet d'aiglefin en 4 morceaux égaux. Assaisonner.

Les placer dans un plat allant au four avec la garniture (tomates, oignons, champignons) et le bouquet garni. Arroser de vin blanc, d'huile d'olive et parsemer de thym. Enfourner à 180 °C à couvert pendant 20 minutes.

Servir au plat.

FILET DE JULIENNE À LA VANILLE

500 g de filet de julienne
1 gousse d'ail
1 petit oignon
Huile d'olive
4 gousses de vanille Bourbon
2 petites courgettes
4 tomates
Quelques feuilles de basilic
25 g de beurre
Sel, poivre

Dans une poêle, faire revenir l'ail et l'oignon hachés avec un peu d'huile d'olive.

Fendre les gousses de vanille en deux dans le sens de la longueur. En récupérer le contenu et le mettre à infuser dans 2 cuillerées à soupe d'huile d'olive.

Passer les tomates quelques secondes à l'eau bouillante puis dans de l'eau froide. Les peler puis les couper en deux et les presser pour enlever les pépins. Laisser égoutter quelques instants dans une passoire puis hacher finement.

Les ajouter dans la poêle avec le basilic. Poursuivre la cuisson quelques minutes.

Pendant ce temps, laver, canneler puis émincer les courgettes en fines lamelles. Les faire revenir au beurre dans une poêle. Assaisonner puis bien égoutter.

Découper 4 grands carrés dans du papier aluminium. Beurrer légèrement la moitié de chaque feuille et y disposer quelques rondelles de courgette, un morceau de julienne assaisonné, un peu de coulis de tomates et une gousse de vanille fendue. Arroser d'un filet d'huile parfumée à la vanille.

Refermer la papillote pour former un portefeuille pas trop serré. Soigner l'étanchéité des joints en réalisant plusieurs plis.

Cuire au four à 240 °C (thermostat 8) pendant 15 à 20 minutes.

Servir les papillotes ouvertes en les arrosant du reste d'huile à la vanille.

FILET DE JULIENNE SAUCE ANCHOIS

500 g de filet de julienne
1 carotte, 1 oignon
Huile d'olive, 4 clous de girofle
4 petites feuilles de laurier
1 citron, Sel, poivre
1/2 verre de vin blanc sec
Pour la sauce
1/2 verre de vin blanc sec
4 petits anchois salés
1 grosse cuillerée de crème

Éplucher, laver et couper la carotte en fines rondelles. Émincer finement l'oignon en anneaux.

Les faire suer rapidement à la poêle dans un filet d'huile.

Préparer 4 grands carrés de papier aluminium. Disposer sur chacun un morceau de poisson, un peu de carotte, d'oignon, un clou de girofle, une feuille de laurier.

Arroser le poisson d'un peu de jus de citron et d'un filet d'huile. Assaisonner. Mouiller la préparation avec 1/2 verre de vin puis refermer hermétiquement les papillotes.

Cuire 20 minutes au four à 240 °C.

Préparer la sauce : au moment de servir, mixer les anchois avec le vin blanc restant. Mettre dans une petite casserole sur feu moyen et ajouter la crème. Donner un bouillon pour épaissir.

Dresser le contenu des papillotes dans les assiettes sur un fond de sauce. Servir aussitôt.

FILETS DE BARBUE ET PÂTES FRAÎCHES AUX CAROTTES ET À LA MENTHE

500 g de filets de barbue
250 g de carottes
25 g de beurre
1 cuillerée à soupe de menthe fraîche hachée
25 cl de crème épaisse
Sel, poivre
Pour les pâtes
250 g de carottes
250 g de semoule fine de blé dur
175 g de farine
2 œufs
1 filet d'huile d'olive
1 pointe de muscade
Sel, poivre blanc

Préparer les pâtes fraîches : éplucher et laver les carottes. En couper la moitié en petits dés puis les blanchir 8 minutes à l'eau bouillante. Les égoutter puis les réduire en purée dans un robot ménager. Ajouter la semoule de blé dur, la farine, les œufs, un filet d'huile d'olive, une pointe de muscade râpée, une pincée de sel et une pincée de poivre blanc. Bien mélanger puis finir de pétrir la pâte à la main jusqu'à obtention d'une boule lisse et élastique. Ajouter un peu de farine si nécessaire, la pâte ne doit pas être collante.

Couvrir d'un linge humide ou emballer dans un film alimentaire. Laisser reposer 30 minutes.

Diviser la pâte en 3 portions égales puis, à l'aide d'un rouleau à pâtisserie ou d'un laminoir, abaisser chaque pâton en une mince feuille. Retailler en rectangles d'environ 20 cm de long. Couvrir d'un linge humide et laisser reposer de 15 à 20 minutes.

Découper dans le sens de la longueur des bandelettes d'environ 5 mm de large soit au laminoir, soit à la main (dans ce cas, enrouler la pâte dans le sens de la longueur sans la serrer puis la couper et la dérouler). Saupoudrer légèrement de farine et laisser reposer sans couvrir pour que les rubans sèchent un peu.

Préparer la sauce : détailler le reste des carottes en fine julienne et les faire cuire à l'eau bouillante salée en leur conservant un léger croquant. Faire fondre la menthe avec le beurre dans une petite casserole puis ajouter la crème épaisse. Bien mélanger puis laisser épaissir. Assaisonner puis ajouter la julienne de carottes. Réserver au chaud.

Faire cuire les pâtes *al dente* dans un grand volume d'eau salée. Les égoutter et y mettre un filet d'huile d'olive.

Poêler rapidement au beurre les filets de barbue.

Dresser sur assiettes le poisson et les pâtes fraîches. Napper avec la sauce.

FILETS DE GRENADIER AU SÉSAME

4 filets de grenadier
Sel, poivre
1 noix de beurre
1 citron
Cardamome en poudre
4 cuillerées à soupe de graines de sésame

Assaisonner les filets de poisson puis les faire revenir à la poêle dans une noix de beurre de 3 à 4 minutes par face. Arroser de jus de citron puis saupoudrer de cardamome en poudre et de graines de sésame grillées à sec.

Servir chaud.

FILETS DE GRENADIER SAUCE PIQUANTE

Peler et épépiner toutes les tomates. En réserver quatre et détailler la chair des deux autres en longs serpentins.

Préparer la sauce : hacher l'ail et l'oignon épluchés ainsi que les piments. Chauffer l'huile dans une sauteuse et y faire revenir l'oignon et l'ail pendant 5 minutes. Ajouter le piment et la chair des 4 tomates réservées précédemment. Poursuivre la cuisson jusqu'à ce qu'elles soient fondantes. Allonger la sauce avec un trait de cidre et donner un bouillon. Assaisonner et réserver au chaud.

Disposer les filets de poisson dans la partie supérieure d'un cuit-vapeur ou d'un wok avec le cerfeuil et les baies roses. Amener l'eau à ébullition, poser le panier cuisson et couvrir. Laisser cuire de 5 à 6 minutes.

Dresser le poisson sur les assiettes et accompagner de la sauce. Décorer avec des languettes de radis, du cerfeuil et des serpentins de tomate fraîche.

4 filets de grenadier
2 tomates
4 radis
Quelques brins de cerfeuil
Baies roses
Pour la sauce
4 tomates
1 gousse d'ail
1 oignon
4 petits piments rouges
4 cuillerées à soupe d'huile d'olive
Sel, poivre
Cidre

FILETS DE HARENGS À L'HUILE

Dans un plat creux, disposer les filets de harengs et couvrir de lait. Couvrir puis laisser reposer au frais pendant 2 heures.

Émincer les oignons et les carottes en fines rondelles.

Égoutter le poisson puis l'éponger avec du papier absorbant.

Dans une terrine, disposer le tiers des carottes et des oignons. Ranger dessus la moitié des filets de harengs avec une branche de thym, une feuille de laurier et un tiers du poivre.

Mettre ensuite une nouvelle couche de carottes et d'oignons puis le reste du poisson. Ajouter une nouvelle feuille de laurier, une branche de thym et des grains de poivre. Terminer par le reste des carottes et des oignons, les derniers grains de poivre, la dernière feuille de laurier et la dernière branche de thym.

Recouvrir largement d'huile puis couvrir et laisser mariner au moins 4 jours dans le bas du réfrigérateur.

500 g de harengs doux fumés au feu de bois
1/2 l de lait
2 carottes
2 oignons
3 petites feuilles de laurier
3 branches de thym
1 cuillerée à café de poivre noir en grains
1 cuillerée à café de poivre vert en grains
Huile de tournesol

FILETS DE LIMANDE, PERSIL ET POMMES DE TERRE

Faire cuire à l'eau les pommes de terre.

Dans une sauteuse, verser le vin blanc. Ajouter l'échalote émincée, une noix de beurre, sel et poivre, puis disposer les filets de limande. Couvrir. Faire pocher à feu doux quelques minutes. Réserver au chaud les filets égouttés sur un plat de service.

4 filets de limande
500 g de pommes de terre nouvelles
1/2 verre de vin blanc sec
1 échalote
Sel, poivre
Beurre
1 trait de vinaigre balsamique
1 cuillerée à soupe de crème
1 filet d'huile d'olive
Persil plat

Faire réduire fortement le jus de cuisson puis déglacer avec un trait de vinaigre balsamique. Ajouter la crème et remuer. Rectifier l'assaisonnement.

Faire sauter rapidement à feu vif les pommes de terre dans un peu de beurre et d'huile puis les disposer dans le plat de service avec les filets de poisson. Napper de la sauce et parsemer de persil ciselé.

FILETS DE MERLAN À L'UNILATÉRALE AU PERSIL

8 filets de merlan avec leur peau
1 bouquet de persil
10 cl d'huile d'olive
50 g de blé concassé
Thym et laurier
Pour l'accompagnement
6 tomates cerises
Sel, poivre du moulin
1 filet d'huile d'olive
1 cuillerée à soupe de sucre

Blanchir le persil 5 minutes dans l'eau bouillante. Égoutter et hacher (avec un glaçon pour fixer la couleur verte). Filtrer et mélanger à l'huile d'olive.

Faire revenir les filets de merlan dans cette huile d'olive avec le thym et le laurier.

Servir les filets arrosés de cette sauce verte et accompagner de blé cuit, mélangé de persil et de tomates confites (cuites au four à 100 °C, thermostat 3/4, pendant 45 minutes et arrosées d'huile d'olive, sel, poivre et sucre).

FILETS DE MERLAN À LA VAPEUR DE TILLEUL ET BEURRE DE SAUGE

4 filets de merlan
1 poignée de feuilles et fleurs de tilleul
Pour le beurre de sauge
1/2 verre de fumet de poisson
4 feuilles de sauge fraîche
75 g de beurre
Sel, poivre

Préparer le beurre de sauge : dans une petite casserole, porter le fumet à ébullition puis retirer du feu. Y mettre les feuilles de sauge hachées puis couvrir et laisser infuser de 4 à 5 minutes. Passer au chinois puis réduire vivement de moitié. Ajouter le beurre et fouetter vivement pour faire mousser.

Assaisonner et maintenir au chaud au bain-marie.

Dans un cuit-vapeur, faire bouillir de l'eau légèrement salée. Disposer dans le panier supérieur les filets de merlan et le tilleul. Couvrir et faire cuire à la vapeur de 5 à 6 minutes.

Dresser le poisson sur une assiette et napper de beurre à la sauge.

FILETS DE MERLAN AU MUSCAT

Enlever la peau des grains de raisin.

Découper 4 grands rectangles de papier sulfurisé et les huiler.

Dans une assiette creuse, mélanger farine et paprika. Y passer les filets de poisson.

Les faire sauter vivement au beurre dans une poêle puis les disposer dans les papillotes.

Déglacer les sucs de cuisson avec le porto et le fumet. Donner un bouillon puis répartir avec les grains de raisin. Assaisonner puis fermer les papillotes.

Faire cuire au four une dizaine de minutes à 200 °C (thermostat 6/7).

500 g de filets de merlan
200 g de raisin muscat
Huile d'olive
50 g de farine
1 cuillerée à café de paprika
25 g de beurre
10 cl de fumet de poisson
1/2 verre de porto
Sel, poivre

FILETS DE MÉROU À L'EXTRAIT D'ÉTRILLES

Couper la carotte, l'oignon et la gousse d'ail en mirepoix fine (petits dés très fins) puis mettre à revenir dans une cocotte en fonte avec un filet d'huile.

Bien rincer les étrilles puis les piler au mortier.

Les ajouter dans la cocotte avec les tomates fraîches et le concentré. Mouiller avec 25 cl d'eau et le vin blanc. Faire réduire jusqu'à ce qu'il n'en reste qu'un quart. Assaisonner puis passer au chinois. Réserver au chaud.

Blanchir les légumes nouveaux quelques instants à l'eau bouillante légèrement salée puis les passer au beurre dans une poêle.

Faire cuire les filets de poisson assaisonnés dans un plat avec un filet d'huile au four à 240 °C (thermostat 8), côté peau en dessous, pendant 5 minutes. Réserver au chaud.

Dans une petite casserole sur feu doux fouetter la crème fraîche et les jaunes d'œufs puis ajouter l'extrait d'étrilles. Rectifier l'assaisonnement.

Répartir la sauce au fond des assiettes de service et y déposer les filets de mérou avec quelques légumes nouveaux passés au beurre. Saupoudrer d'un peu de cerfeuil ciselé.

600 g de filets de mérou
500 g d'étrilles
1 oignon
1 gousse d'ail
1 carotte
Huile d'olive
2 tomates
1 cuillerée à soupe de double concentré de tomates
1/2 l de vin blanc sec
Sel, poivre
2 grosses cuillerées à soupe de crème épaisse
4 jaunes d'œufs
Quelques brins de cerfeuil
Pour l'accompagnement
Quelques légumes frais (jeunes carottes, pois gourmands, petits oignons nouveaux, asperges vertes…)
1 noix de beurre

FILETS DE RAIE AUX POIREAUX, SAUCE CURRY

4 filets de raie
2 blancs de poireaux
1 noix de beurre
1/2 verre de vin blanc sec
Sel, poivre
Graines de coriandre
4 cuillerées à soupe de crème épaisse
1 cuillerée à soupe de curry
Quelques brins d'aneth

Éplucher et laver les poireaux. Détailler les blancs en rondelles peu épaisses.

Dans une sauteuse, faire fondre le beurre et y faire revenir les poireaux 5 minutes.

Disposer dessus les filets de raie. Mouiller avec le vin blanc. Saler, poivrer et ajouter une pincée de graines de coriandre. Couvrir et faire pocher de 7 à 8 minutes à petit feu.

Retirer le poisson et les poireaux. Dresser sur les assiettes et réserver au chaud.

Réduire fortement la cuisson puis ajouter le curry et la crème. Donner un bouillon pour épaissir.

Napper le poisson. Décorer avec quelques brins d'aneth. Servir sans attendre.

FILETS DE RASCASSE À LA NOIX DE COCO

4 filets de rascasse
1 citron vert
Huile d'olive
Sel, poivre
2 tomates
1 poivron jaune
Baies roses
Pour la sauce à la noix de coco
1 cuillerée à soupe de noix de coco râpée
1 yaourt

Disposer les filets de rascasse dans un plat légèrement creux. Arroser de jus de citron et d'un filet d'huile d'olive. Saler et poivrer. Couvrir d'un film alimentaire et laisser mariner de 1 à 2 heures au réfrigérateur.

Peler et épépiner les tomates, puis écraser leur chair grossièrement.

Fendre le poivron. L'épépiner et enlever les côtes intérieures. Le détailler en petits cubes.

Dans une sauteuse, faire chauffer un filet d'huile et faire fondre le poivron et les tomates. Assaisonner.

Égoutter le poisson mariné et le poser dans la sauteuse, sur les tomates, avec quelques baies roses. Mouiller avec 3 à 4 cuillerées à soupe d'eau et cuire à couvert de 4 à 5 minutes.

Préparer la sauce à la noix de coco : récupérer le jus de la marinade et le mélanger avec le yaourt et la noix de coco. Saler et poivrer légèrement.

Dresser le poisson sur assiettes avec un peu de tomates concassées et de poivron. Accompagner de riz sauvage et de salicorne. Servir avec la sauce à la noix de coco.

FILETS DE RASCASSE AUX POIRES CONFITES

4 filets de rascasse avec leur peau
4 petites poires
1 citron
2 verres de jus d'orange
1 cuillerée à soupe de cointreau
1 gousse d'ail épluchée
Sel, poivre
1 filet d'huile d'olive
Quelques grains de fleur de sel et de poivre vert

Peler les poires puis les couper en quartiers et les épépiner. Les mettre dans une casserole et faire pocher doucement avec le jus de 1/2 citron, le jus d'orange, le cointreau et la gousse d'ail. Assaisonner. Les quartiers de poires doivent devenir transparents.

Les égoutter et les réserver puis passer le jus de cuisson au chinois et le faire réduire de moitié à grand feu.

Assaisonner les filets de poisson puis les cuire à l'huile dans une poêle de 2 à 3 minutes par face, côté peau dessous en premier. Arroser avec le jus de 1/2 citron.

Dresser les filets de rascasse sur les assiettes. Parsemer de quelques grains de fleur de sel et de poivre vert concassés. Accompagner de quartiers de poires tranchés et arroser d'un peu de sauce au cointreau.

FILETS DE ROUGET AU RAGOÛT DE COQUILLAGES

8 beaux filets de rougets
4 noix de Saint-Jacques
100 g de bigorneaux
150 g de moules
200 g de coques
4 cl de fumet de poisson
2 dl d'huile d'olive
1 citron
10 cl de crème fleurette
Sel, poivre du moulin

Faire ouvrir les coquillages au four à 180 °C (thermostat 6) pendant 2 minutes. Les décortiquer. Filtrer leur jus et le mélanger au fumet.

Faire revenir les filets de rougets dans l'huile d'olive 2 minutes de chaque côté. Réserver au chaud.

Mettre les coquillages à chauffer dans la même poêle avec le fumet, pendant quelques minutes. Retirer les coquillages et faire réduire le fumet de moitié.

Le filtrer. Ajouter le jus de citron. Crémer et faire réduire de nouveau pour épaissir. Assaisonner.

Disposer les filets de rougets dans les assiettes. Parsemer de coquillages et napper de sauce.

FILETS DE SABRE AU CITRON VERT

4 filets de sabre
2 petits piments verts frais
2 cuillerées à soupe d'huile d'olive
1 citron vert
1 branche de céleri
Sel, poivre

Rincer les piments sous l'eau froide et les éponger puis les fendre en deux. Éliminer les pépins et les parties blanches puis hacher finement.

Faire chauffer 1 cuillerée à soupe d'huile d'olive dans une poêle et y faire revenir les piments hachés. Ajouter le sabre. Poser une rondelle de citron sur chaque filet puis arroser de jus de citron et de 1 cuillerée à soupe d'huile d'olive. Ajouter la branche de céleri passée sous l'eau froide mais pas égouttée. Assaisonner. Couvrir et laisser cuire à feu doux de 4 à 5 minutes.

Servir bien chaud avec des pâtes très peu assaisonnées pour adoucir le feu éventuel.

FILETS DE SAINT-PIERRE AU NOILLY

4 filets de saint-pierre
300 g de petits champignons de Paris
1 citron
10 g de beurre
Sel, poivre
2 grosses échalotes
1 verre de noilly
2 cuillerées à soupe de crème épaisse

Bien nettoyer les champignons puis les arroser de jus de citron. Les faire ensuite revenir au beurre dans une grande poêle. Saler et poivrer. Réserver au chaud.

Dans une autre poêle, émincer finement les échalotes et les faire fondre dans un peu de beurre. Y déposer les filets de saint-pierre, mouiller avec le noilly. Assaisonner. Couvrir et laisser cuire de 2 à 3 minutes.

Ajouter les champignons puis la crème. Rectifier l'assaisonnement. Donner un bouillon pour épaissir et servir bien chaud.

FILETS DE SOLE AUX COURGETTES À LA VAPEUR DE THÉ

4 beaux filets de sole
16 asperges sauvages
4 petites courgettes avec leur fleur
2 cuillerées à soupe de thé Earl Grey
Pour la sauce
1 citron non traité
100 g de beurre
2 œufs
Sel, poivre

Laver les courgettes et les éponger. Réserver les fleurs à part puis tailler des lanières dans la longueur des courgettes.

Laver les asperges dont vous n'utiliserez que les pointes.

Prélever la moitié du zeste du citron en longs rubans finement râpés.

Dans un cuit-vapeur, mettre à bouillir 1 litre d'eau dans la partie basse. Puis disposer dans le panier supérieur un linge de mousseline fine. Y répartir le thé sur toute la surface. Replier la mousseline en portefeuille de sorte que le thé soit emprisonné à l'intérieur. Disposer dessus les rubans de courgette. Poser le panier sur son socle, couvrir et laisser cuire 6 minutes.

Ajouter alors les filets de sole, les fleurs de courgettes et les asperges. Reprendre la cuisson pendant 4 minutes.

Préparer la sauce : pendant ce temps, faire fondre le beurre à feu doux. Maintenir au chaud.

Dans une petite casserole, verser le jus du citron. Ajouter 1 cuillerée à soupe d'eau, le zeste restant et les jaunes d'œufs. Assaisonner.

Sur feu doux, battre au fouet jusqu'à ce que les jaunes aient doublé de volume puis incorporer progressivement le beurre fondu.

Dresser sur assiettes le poisson, les lanières de courgettes, les asperges et les fleurs. Accompagner de sauce émulsionnée en saucière.

FILETS DE SOLE EN PAPILLOTE À LA JULIENNE DE LÉGUMES

8 filets de sole (2 par personne)
400 g de carottes
200 g de navets
50 g de beurre
1 bouquet de persil, aneth, basilic
1 citron
Sel, poivre

Préparer les légumes : laver, éplucher et tailler en julienne (petits bâtonnets très fins) les carottes et les navets. Laver et hacher grossièrement les herbes. Couper le citron en tranches.

Faire suer au beurre la julienne de légumes pendant 5 minutes.

Mettre dans une feuille de papier aluminium 2 filets de sole, un peu de julienne de légumes, des herbes hachées et une tranche de citron. Assaisonner. Refermer la papillote. En faire quatre en tout.

Cuire les papillotes au four très chaud à 220 °C (thermostat 7/8) pendant 10 minutes et servir aussitôt.

FILETS DE TURBOT À LA FONDUE DE POIREAUX

600 g de filets de turbot plus les parures
125 g de beurre
1 petit oignon
1/2 verre de vin blanc sec
2 verres de cidre
2 gros poireaux, 2 échalotes
200 de petits champignons de Paris
Sel, poivre
1 cuillerée à soupe de crème fraîche
1 cuillerée à soupe de vinaigre de cidre
Quelques brins de cerfeuil

Concasser les arêtes de turbot puis les faire revenir au beurre dans une casserole avec l'oignon haché. Mouiller avec le vin blanc, le cidre et 1 verre d'eau, puis faire réduire de moitié à grand feu. Passer au chinois.

Éplucher et laver les poireaux. Les émincer finement.

Beurrer un plat à four et y disposer un fond d'échalotes hachées et de champignons émincés. Mouiller avec le fumet précédemment obtenu puis disposer les filets de turbot. Assaisonner. Cuire au four pendant 10 minutes à 240 °C (thermostat 8).

Pendant ce temps, cuire à couvert les poireaux au beurre. Assaisonner.

Réserver le poisson au chaud et récupérer le jus de cuisson dans une petite casserole après l'avoir passé au chinois. Ajouter la crème et donner un bouillon pour faire épaissir. Assaisonner.

Arroser la fondue de poireaux de 1 cuillerée à soupe de vinaigre de cidre et bien mélanger. Dresser les assiettes avec les filets de turbot et la fondue de poireaux. Napper de sauce et parsemer de cerfeuil ciselé.

FLEURS DE COURGETTES AU CRABE*

12 courgettes avec leur fleur
200 g de fromage fondu
150 g de chair de crabe
Aneth
Sel, poivre

Faire cuire la chair de crabe puis bien l'égoutter.

Éplucher délicatement les courgettes sans détacher la fleur, éliminer les pistils puis les-cuire à la vapeur pendant 3 minutes.

Dans une terrine, mélanger le fromage avec la chair de crabe émiettée et l'aneth ciselé, saler et poivrer.

Remplir les fleurs de courgettes avec ce mélange, et dresser les courgettes à part sur un plat de service.

Servir à température ambiante.

FRICASSÉE DE BULOTS À LA PROVENÇALE

2 kg de bulots frais
8 belles tomates
1 filet d'huile d'olive
1 oignon
8 gousses d'ail
1 petite boîte de concentré de tomates
1/2 verre de vin blanc sec
Sel, poivre
Quelques brins de romarin
Quelques brins de persil plat

Passer les tomates quelques secondes à l'eau bouillante puis dans de l'eau froide. Les peler puis les couper en deux et les presser pour enlever les pépins. Laisser égoutter 1 heure dans une passoire.

Faire cuire les bulots dans un court-bouillon pendant 15 minutes puis les égoutter. Les laisser refroidir puis les sortir de leur coquille.

Faire revenir à l'huile d'olive l'ail et l'oignon dans une sauteuse puis y ajouter les tomates coupées en morceaux, le concentré et le vin. Assaisonner et laisser cuire 5 minutes.

Ajouter ensuite les bulots décortiqués et le romarin. Poursuivre la cuisson 10 minutes environ. Parsemer de persil ciselé et servir sans attendre.

FRICASSÉE DE CRABE ÉPICÉ

4 crabes de taille moyenne
Huile d'olive
1 piment rouge
1 piment vert
2 gousses d'ail
1 cuillerée à soupe de gingembre râpé
2 citrons verts
5 morceaux de sucre
1 cuillerée à café de nuoc-mâm
1/2 verre de fumet de poisson
1/2 verre de gin
Sel, poivre
4 petits oignons blancs nouveaux
Coriandre fraîche

Mettre les crabes 2 heures au congélateur pour les tuer « en douceur ». Détacher les pattes et les pinces puis, à l'aide d'un hachoir, découper le corps en plusieurs gros morceaux.

Dans une grande sauteuse, faire chauffer un filet d'huile et y faire revenir les piments hachés, l'ail écrasé, le gingembre, le jus des citrons, le nuoc-mâm, les morceaux de sucre, le fumet de poisson et le gin. Remuer quelques instants. Assaisonner.

Y mettre alors le crabe et cuire à couvert une quinzaine de minutes. Ajouter les oignons grossièrement coupés. Poursuivre la cuisson 5 minutes et servir avec quelques brins de coriandre ciselés.

FRICASSÉE DE SAINT-JACQUES AUX LANGOUSTINES ET AU CRABE

20 langoustines
16 noix de Saint-Jacques
1 boîte de crabe
5 cl d'huile d'olive
Sel
Pour le coulis
1 oignon
5 cl d'huile d'olive
1 petit verre de cognac
1/2 verre de vin blanc
Bouquet garni
Sel, poivre du moulin
25 cl de crème fleurette

Faire cuire les langoustines pendant 10 minutes dans de l'eau bouillante salée. Les décortiquer.

Préparer le coulis : éplucher et émincer l'oignon. Le faire suer dans l'huile d'olive. Flamber au cognac. Ajouter le vin, le bouquet garni et assaisonner. Laisser cuire pendant 30 minutes, puis retirer le bouquet garni. Mixer le tout et passer au chinois. Ajouter la crème.

Faire dorer les noix de Saint-Jacques dans l'huile d'olive (1 minute de chaque côté), puis rajouter les langoustines.

Disposer les noix de Saint-Jacques, les langoustines et le crabe dans l'assiette. Napper de coulis.

FRICASSÉE DE TELLINES AU PISTOU

1 kg de tellines
4 grosses tomates
1 filet d'huile d'olive
4 gousses d'ail
25 cl de crème épaisse
1 cuillerée à café de paprika
Sel, poivre
Quelques brins de basilic
Quelques brins de cerfeuil

Passer les tomates quelques secondes à l'eau bouillante puis dans de l'eau froide. Les peler puis les couper en deux et les presser pour enlever les pépins. Laisser égoutter quelques instants dans une passoire puis hacher grossièrement.

Gratter et laver les tellines.

Dans une sauteuse, mettre un filet d'huile, l'ail pelé et écrasé. Chauffer doucement puis ajouter les tomates concassées, la crème fraîche, le paprika, une pincée de poivre et une pincée de sel. Augmenter le feu et laisser réduire de moitié.

Ajouter les coquillages et poursuivre la cuisson pour les ouvrir. Les retirer de la sauteuse puis les décoquiller.

Pendant ce temps, faire réduire la cuisson. Remettre les tellines décoquillées et ajouter quelques brins de basilic et de cerfeuil ciselés.

Servir chaud.

FRITURE DE GAMBAS ET DE PÂTES*

600 g de gambas
200 g de pâtes en forme d'épis
200 g de petits brocolis
120 g de farine
3 œufs
2 petits oignons nouveaux
1 gousse d'ail
1 piment
Farine
Huile d'olive
Sel, lait

Décortiquer les gambas en laissant toutefois la queue.

Dans une terrine, mélanger la moitié de la farine avec le même poids d'eau, 1 cuillerée à soupe d'huile, une pincée de sel, l'ail et le piment hachés. Laisser reposer 5 minutes puis incorporer 1 blanc d'œuf monté en neige.

Tremper les gambas dans la pâte et les faire frire dans une grande quantité d'huile bouillante. Égoutter les beignets sur du papier absorbant et les réserver au chaud.

Faire cuire séparément les pâtes et les brocolis. Préparer une autre pâte avec le restant de farine, 2 œufs, le jaune restant et le lait.

Tremper les pâtes, les brocolis et les petits oignons émincés dans cette nouvelle pâte. Les faire frire par cuillerée dans de l'huile bouillante puis faire égoutter sur du papier absorbant.

Servir bien chaud.

LE CONSEIL DU CHEF

D'autres pâtes peuvent tout aussi bien convenir pour cette recette, pourvu qu'elles soient trouées et de forme décorative.

FUSILLI AUX CALAMARS, ROUGAIL ET SÉSAME

500 g de calamars
400 g de tomates
10 cl d'huile d'olive
400 g de fusilli
(pâtes en forme de torsade)
10 g de graines de sésame
Pour le rougail
1 gousse d'ail
1 piment d'Espelette
10 cl d'huile d'olive
1 cuillerée à soupe de concentré de tomates
Sel, poivre

Préparer les calamars : retirer la tête et les viscères puis enlever la plume transparente du corps. Trancher les tentacules juste devant les yeux puis jeter le reste de la tête. Couper les nageoires triangulaires puis ôter la peau en tirant dessus (s'aider en passant les doigts dans du sel). Ôter le bec (partie dure au centre des tentacules). Rincer soigneusement les calamars sous l'eau froide. Les émincer.

Passer les tomates quelques secondes à l'eau bouillante puis dans de l'eau froide. Les peler puis les couper en deux et les presser pour enlever les pépins. Laisser égoutter 1 heure dans une passoire. Les couper en quartiers.

Préparer le rougail : éplucher et hacher l'ail. Laver et émincer finement le piment. Mélanger l'ail et le piment et monter avec 10 cl d'huile d'olive puis ajouter le concentré de tomates. Assaisonner.

Cuire les pâtes (*al dente*) puis les laisser refroidir.

Faire revenir 10 minutes les calamars dans 10 cl d'huile d'olive. Ajouter les quartiers de tomates et faire cuire de nouveau 10 minutes. Laisser tiédir.

Dresser sur assiettes les pâtes avec le rougail, parsemer de calamars et tomates et décorer de graines de sésame.

FUSILLI AUX COQUILLES SAINT-JACQUES*

400 g de fusilli
10 cl de crème fraîche
12 coquilles Saint-Jacques
2 petits oignons
1 citron
1 gousse d'ail
1 dose de safran
Beurre
Cerfeuil
Aneth
Vin blanc
Poivre rose
Sel
Poivre en grains

Ouvrir les coquilles Saint-Jacques, en extraire les mollusques et jeter la poche remplie de sable. Les rincer et les mettre dans une terrine avec le jus de citron, un brin de cerfeuil et d'aneth, le poivre en grains et 1 verre de vin. Laisser ainsi mariner pendant 40 minutes.

Pendant ce temps, gratter et laver la partie concave des coquilles.

Dans une poêle, faire revenir les oignons émincés et l'ail écrasé, puis ajouter les mollusques et le liquide de la marinade filtré.

Faire cuire 5 minutes à feu doux, puis ôter les mollusques et les réserver au chaud.

Ajouter la crème et le safran au fond de cuisson, puis saler et ôter du feu.

Pendant ce temps, faire cuire les fusilli *al dente* dans une grande quantité d'eau salée, les égoutter et les assaisonner avec le fond de cuisson et les mollusques.

Mettre les coquilles dans les assiettes, les remplir de pâtes et garnir de poivre rose, de cerfeuil et d'aneth.

Servir immédiatement.

GAMBAS À L'AIL*

Laver et essuyer les gambas.

Dans une poêle, faire blondir l'ail émincé avec 4 cuillerées à soupe d'huile d'olive, puis ajouter les gambas et les faire dorer.

Mouiller d'un verre de brandy, parsemer d'un bouquet de persil ciselé, saler et poivrer.

Servir immédiatement.

600 g de gambas
4 gousses d'ail
Persil
Brandy
Huile d'olive
Sel
Poivre

GAMBAS AUX TOMATES

Presser les citrons. Laver et égoutter les gambas. Les disposer dans un plat. Les arroser du jus de citron et les laisser macérer pendant 20 minutes en les retournant régulièrement.

Peler et hacher l'ail et l'oignon. Hacher le persil.

Faire revenir les oignons et les gambas dans l'huile d'olive 5 minutes à découvert. Verser le cognac sur les gambas et flamber. Ensuite ajouter les tomates concassées et le concentré un peu dilué, le thym, le piment. Assaisonner, puis laisser mijoter pendant 20 minutes, à couvert.

Ensuite ajouter l'ail écrasé et le persil en remuant délicatement.

Disposer les gambas dans un plat chaud et servir.

1 kg de gambas
4 citrons verts
2 gousses d'ail
2 oignons
5 brins de persil plat
1 petit piment
2 cuillerées à soupe d'huile d'olive
1/2 verre de cognac
500 g de tomates concassées
1 cuillerée à soupe de concentré de tomates
1 branche de thym
Sel, poivre du moulin

GAMBAS ET SPAGHETTIS À L'INDIENNE

Éplucher la banane et la pomme puis en couper la moitié en mirepoix (petits dés très fins).

Faire tremper les raisins secs dans une tasse d'eau froide.

Préparer la sauce : dans une poêle, faire chauffer un filet d'huile d'olive et y faire revenir l'oignon émincé finement et les dés de pomme et de banane. Ajouter le curry et laisser cuire 5 minutes. Ajouter la crème et le vin. Assaisonner et faire réduire de moitié.

Faire cuire les spaghettis dans un grand volume d'eau salée. Les égoutter.

Trancher le reste de la banane en rondelles. Les tremper dans le lait puis les fariner avant de les faire revenir à la poêle dans un filet d'huile d'olive. Les réserver.

Poêler vivement les gambas puis les flamber au cognac.

Dresser dans les assiettes les spaghettis avec les gambas, les rondelles de banane sautées, les raisins secs égouttés et le reste de la pomme coupée en dés. Arroser de sauce et servir sans attendre.

16 gambas
1 banane
1 pomme granny-smith
1 cuillerée à soupe de raisins secs
Huile d'olive
1 oignon
1 cuillerée à café de curry
1 verre de vin blanc moelleux
4 cuillerées à soupe de crème épaisse
Sel, poivre
350 g de spaghettis
1 cuillerée à soupe de lait
Farine
1 trait de cognac

GASPACHO ET PERSILLADE DE SUPIONS À LA TOMATE

600 g de supions
1,5 kg de tomates
100 g d'oignons
2 gousses d'ail
1 botte de basilic
50 g de persil
1 piment rouge
1 botte de cerfeuil
20 cl d'huile d'olive
Sel, poivre

Préparer les légumes : passer les tomates quelques secondes à l'eau bouillante puis dans de l'eau froide. Les peler puis les couper en deux et les presser pour enlever les pépins. Laisser égoutter 1 heure dans une passoire. Les couper en dés. Éplucher et ciseler les oignons. Éplucher et hacher l'ail. Laver et ciseler le persil et le basilic. Laver et émincer finement le piment.

Préparer les supions : retirer la tête et les viscères du corps. Trancher les tentacules juste devant les yeux puis jeter le reste de la tête. Ôter le bec (partie dure au centre des tentacules). Rincer soigneusement l'ensemble sous l'eau froide.

Cuire le gaspacho : faire revenir dans l'huile sans coloration l'oignon, le piment, les supions, les tomates. Assaisonner.

Mouiller avec 75 cl d'eau et faire cuire 20 minutes. Retirer les supions et mixer le bouillon.

Incorporer la persillade et remettre les supions. Laisser refroidir puis mettre au réfrigérateur.

Servir frais décoré de pluches de cerfeuil.

HOMARD À L'AMÉRICAINE

1 homard vivant d'environ 900 g
Sel, poivre du moulin
2 cuillerées à soupe d'huile d'olive
1 oignon
2 échalotes
2 gousses d'ail
10 cl de cognac
3 tomates concassées, épépinées
1 cuillerée à soupe de concentré de tomates
2 blancs de poireaux
1 pincée de poivre de Cayenne
1,5 dl de fumet de poisson
1,5 dl de vin blanc sec
10 g d'estragon, de persil et de cerfeuil hachés

Découper le homard à cru en deux. Puis séparer les pinces et la queue du corps. Briser les pinces aux articulations.

Couper les 2 demi-queues en 4 tronçons, saler et poivrer. Retirer la membrane contenant le gravier à l'intérieur du coffre et vider la partie verte et crémeuse.

Faire revenir, dans une sauteuse, le homard dans l'huile. Puis lorsque la carapace devient rouge, le sortir.

Faire suer l'oignon et les échalotes hachés, puis ajouter l'ail écrasé dans sa peau et 2 cuillerées à soupe de cognac. Flamber.

Ajouter les tomates, le concentré de tomates, les poireaux effilés, le poivre de Cayenne, le homard, le fumet, le vin. Assaisonner.

Faire cuire pendant 15 minutes. Retirer le homard et décortiquer les pinces. Les conserver au chaud.

Faire réduire de moitié.

Hors du feu, verser le cognac restant sur le homard.

Saupoudrer d'herbes finement hachées.

HOMARD EN CIVET

4 homards bretons vivants de 700 g chacun
800 g de navets
80 g de beurre
10 g de sucre
1 oignon
2 blancs de poireaux
2 carottes
1 l de fumet de poisson
10 cl d'huile d'olive
5 cl de cognac
1 bouteille de pinot noir
1 gousse d'ail
Sel, poivre du moulin

Éplucher les navets, puis les tourner (en forme de petits tonneaux). Les glacer à blanc (cuire dans de l'eau, avec 30 g de beurre, 10 g de sucre, jusqu'à évaporation du liquide).

Éplucher et émincer finement l'oignon, les poireaux et les carottes.

Faire réduire le fumet de moitié.

Faire suer les légumes à l'huile d'olive 15 minutes à feu doux.

Tronçonner chaque homard à cru. Couper la queue en un morceau, le corps en trois. Détacher les pinces. Prélever le corail dans la tête du homard puis le malaxer avec 50 g de beurre.

Disposer les homards sur la julienne de légumes. Verser le cognac, la bouteille de pinot noir et le fumet réduit, puis assaisonner. Faire cuire pendant 10 minutes à feu doux.

Retirer les morceaux de homard. Faire réduire la sauce de moitié puis ajouter le beurre de corail.

Dresser à l'assiette les morceaux de homard, les navets glacés et napper le tout de sauce.

HOMARD GRILLÉ AU PASTIS

Mettre les homards 2 heures au congélateur pour les tuer sans cruauté excessive.

Préparer les homards : laisser décongeler puis les disposer sur le dos. Découper en deux jusqu'à la tête. Détacher les deux moitiés puis jeter les ouïes, le sac pierreux entre les yeux et la veine grise qui passe tout le long du dos. Il est possible de conserver le foie, gris-vert, pour la confection d'une sauce. Laisser la chair dans la coque et éviter de séparer les pinces.

Disposer les homards sur la grille du barbecue, coque en dessous, avec un brin de fenouil posé sur la chair. Faire cuire une dizaine de minutes. La chair doit être tendre.

Au moment de servir, assaisonner avec un peu de jus de citron, un mince filet d'huile d'olive, quelques gouttes de pastis, sel et poivre.

4 petits homards vivants
Quelques brins de fenouil
1 filet d'huile d'olive
Pastis
1 citron
Sel, poivre

HUÎTRES AUX AGRUMES*

24 huîtres
20 cl de crème fraîche
1 orange
1 citron vert
2 échalotes
Vin blanc sec
Beurre
Gros sel
Sel, poivre

Étaler une couche épaisse de gros sel sur une plaque à four.

Ouvrir les huîtres et les faire cuire dans leur jus filtré ; poivrer.

Couper l'écorce de l'orange et du citron vert en fines lanières. Les faire cuire 10 minutes dans un peu d'eau, égoutter et réserver.

Émincer les échalotes et les faire revenir dans une petite poêle avec une noix de beurre. Ajouter 2 verres de vin et le jus de l'orange, puis faire réduire le liquide de moitié. Incorporer la crème fraîche, saler, poivrer et garder au chaud.

Disposer les coquilles sur la couche de gros sel, les garnir des mollusques égouttés et passer 2 minutes sous le gril.

Napper de sauce et remettre sous le gril pendant 3 minutes.

Garnir avec les écorces et servir immédiatement.

HUÎTRES AUX POIREAUX

2 douzaines d'huîtres
2 poireaux
2 cuillerées à soupe d'huile d'olive
10 cl de crème fleurette
Poivre du moulin

Ouvrir les huîtres et les détacher de leur coquille.

Nettoyer les poireaux et les émincer finement. Faire cuire doucement les poireaux dans l'huile d'olive.

Ajouter la crème fleurette et les huîtres. Poivrer et cuire à feu très doux 5 minutes.

Servir cette préparation chaude dans les coquilles vides.

HUÎTRES CHAUDES AUX CREVETTES

2 douzaines d'huîtres fines de claires
200 g de crevettes décortiquées
10 cl de fumet
10 cl de vin blanc
10 cl de crème fleurette
Sel, poivre du moulin
1 botte de ciboulette

Ouvrir les huîtres et récupérer l'eau dans une casserole.

Ajouter le fumet à l'eau des huîtres et faire réduire. Ajouter le vin blanc puis faire réduire. Crémer et faire épaissir. Assaisonner.

Détacher les huîtres de leur coquille. Ajouter les crevettes puis napper de sauce et faire cuire au four à 180 °C (thermostat 6) pendant 6 minutes.

Dresser à l'assiette sans attendre et décorer de pointes de ciboulette.

JULIENNE EN CANNELLONIS AU MIEL D'ACACIA ET À LA RÉGLISSE

400 g de filet de julienne
8 cannellonis prêts à garnir
2 tomates
1 noix de beurre
1 oignon
1 blanc de poireau
5 cl de crème fraîche liquide
Sel, poivre
Pour la sauce
25 cl de fumet de poisson
1 cuillerée à soupe de miel d'acacia
1 cuillerée à café de vinaigre de vin
50 g de beurre
20 cachous

Faire cuire les cannellonis 5 minutes dans un grand volume d'eau bouillante salée. Les égoutter puis les passer sous l'eau froide. Les sécher sur un linge.

Préparer la farce : monder et épépiner les tomates. Détailler la chair en petits cubes.

Faire fondre une noix de beurre dans une sauteuse et y faire revenir l'oignon émincé finement. Y ajouter le blanc de poireau effilé, les tomates, le poisson découpé en petits dés et la crème fraîche liquide. Assaisonner. Couvrir et cuire à petit feu pendant 5 minutes.

Laisser tiédir avant de garnir les cannellonis avec cette farce puis disposer dans un plat à gratin légèrement beurré.

Préparer la sauce : pendant ce temps, faire chauffer dans une petite casserole le fumet de poisson, le miel, le vinaigre, le beurre et les cachous. Laisser réduire de moitié puis fouetter vivement.

Napper les cannellonis de cette sauce et cuire à four chaud pendant 15 minutes à 210 °C (thermostat 7).

LAMELLES DE DAURADE ET DE SAUMON CRUS EN MARINADE AU CITRON VERT

400 g de filets de daurade royale
200 g de filet de saumon frais
1 botte d'oignons nouveaux
4 petits piments oiseaux
Quelques brins de ciboulette, de persil plat et d'aneth
4 citrons verts non traités
1 cuillerée à café de gingembre râpé
Sel, poivre
Quelques œufs de lump rouges et noirs
Baies roses

Découper méticuleusement les filets de poisson en très fines tranches.

Émincer les oignons nouveaux et détailler les petits piments en fines lamelles.

Ciseler les herbes aromatiques.

Disposer les tranches de poisson sur un grand plat en évitant qu'elles ne se chevauchent. Arroser de jus de citron puis ajouter les oignons, le piment, le gingembre, les herbes aromatiques et quelques filaments de zeste de citron. Saler et poivrer modérément.

Couvrir d'un film alimentaire et réserver au réfrigérateur pendant au moins 2 heures. Remuer de temps à autre.

Servir très frais avec quelques œufs de lump et des baies roses pour décorer.

LANGOUSTES À LA PROVENÇALE

2 petites langoustes
Pour la sauce
50 cl d'huile d'olive
5 cl de pastis
Sel, poivre du moulin
1 belle gousse d'ail
1 bouquet garni
(1 branche de thym,
3 branches de fenouil,
1 feuille de laurier)

Préparer la sauce : mélanger le pastis avec l'huile d'olive. Assaisonner. Ajouter la gousse d'ail fendue et mélanger.

Fendre les 2 langoustes crues en deux dans le sens de la longueur.

Placer les moitiés de langouste sur le gril ou le barbecue, côté carapace sur le feu. Cuire 20 minutes en badigeonnant constamment les langoustes avec le bouquet garni trempé dans la sauce au pastis.

En fin de cuisson, tourner les langoustes côté chair et cuire 5 minutes.

Servir aussitôt.

LANGOUSTINES ACIDULÉES

16 belles queues de langoustines
700 g de pois gourmands
1 poivron rouge
5 cl d'huile d'olive
5 cl de vinaigre de cidre
250 g de sorbet au citron
Sel, poivre du moulin

Décortiquer les queues de langoustines crues en conservant l'extrémité de la queue.

Laver, équeuter et cuire les pois gourmands dans l'eau bouillante salée 5 minutes puis refroidir rapidement sous l'eau courante glacée pour fixer leur belle couleur verte. Égoutter.

Laver et couper le poivron en lamelles et le faire revenir dans l'huile d'olive. Ajouter les pois gourmands et les langoustines. Faire sauter puis déglacer au vinaigre. Assaisonner.

Dresser à l'assiette avec quelques petites boules de sorbet au citron.

LANGOUSTINES AUX GIROLLES

16 langoustines
400 g de girolles fraîches
Sel, poivre du moulin
2 échalotes
1 filet d'huile d'olive
Quelques brins de ciboulette

Équeuter les girolles, les laver dans de l'eau vinaigrée et les égoutter.

Décortiquer les queues de langoustines et les assaisonner.

Éplucher et couper finement les échalotes.

Enduire les queues de langoustines avec de l'huile d'olive et les faire dorer à la poêle 1 minute de chaque côté. Les retirer et les réserver.

Saisir les girolles dans la même poêle. Ajouter les échalotes et cuire 5 minutes. Assaisonner. Ajouter les queues de langoustines et laisser mijoter 1 minute.

Dresser sur assiettes, puis parsemer de pointes de ciboulette.

LANGOUSTINES EN SALADE DE MELON

Décortiquer soigneusement les langoustines cuites en conservant la nageoire caudale. Laver puis couper le melon en tranches. Prélever la chair et la détailler en cubes.

Laver et éponger la salade. Rincer les groseilles sous l'eau froide puis les égoutter et les équeuter.

Dresser sur de grandes assiettes les langoustines, quelques feuilles de laitue, les dés de melon et quelques groseilles. Décorer avec des pluches de cerfeuil.

Accompagner avec une vinaigrette crémée émulsionnée au fouet, et réalisée avec l'huile, le vinaigre de framboise, la crème, le sel et le poivre.

12 grosses langoustines cuites
1 petit melon
1 laitue
Quelques groseilles
Pluches de cerfeuil
Pour la vinaigrette
1 cuillerée à soupe de vinaigre de framboise
3 cuillerées à soupe d'huile de tournesol
1 cuillerée à soupe de crème épaisse
Sel, poivre

LANGOUSTINES ET SAUMON AU FENOUIL CONFIT

12 belles langoustines cuites
200 g de filet de saumon fumé
2 bulbes de fenouil
Origan
Baies roses
Pour la vinaigrette
20 feuilles de basilic
8 cuillerées à soupe d'huile d'olive
1 cuillerée à soupe de vinaigre de vin
Sel, poivre

Faire macérer toute une nuit les feuilles de basilic hachées dans 8 cuillerées à soupe d'huile d'olive.

Laver et éponger les bulbes de fenouil. Les inciser et les assaisonner. Découper 2 grands carrés de papier aluminium et déposer un bulbe sur chacun. Arroser à cœur d'un filet d'huile d'olive et saupoudrer d'origan. Bien refermer les papillotes et faire cuire au four à 120 °C (thermostat 4) pendant 1 heure 30. Laisser refroidir.

Décortiquer les langoustines en leur laissant la nageoire caudale. Détailler le filet de saumon en languettes de 1 cm d'épaisseur.

Préparer une vinaigrette avec l'huile de basilic, le vinaigre, sel et poivre.

Dresser sur chaque assiette trois langoustines, du saumon fumé et un demi-bulbe de fenouil coupé en tranches épaisses. Arroser de vinaigrette au basilic et parsemer de quelques baies roses.

LASAGNES AU SAUMON FUMÉ

8 tranches de saumon fumé
4 petites courgettes
1 bouquet d'aneth frais
15 cl de crème fraîche
1 citron
2 cuillerées à soupe d'huile d'olive
Sel, poivre
6 feuilles de lasagnes

Laver les courgettes. Couper leurs extrémités puis les tailler dans la longueur en bandes peu épaisses. Les blanchir 1 minute à l'eau bouillante salée. Les rafraîchir sous l'eau froide puis les égoutter sur un torchon.

Équeuter l'aneth. Rincer et en réserver quelques brins pour la décoration. Ciseler le reste.

Mélanger la crème avec l'aneth, le jus du citron pressé, un filet d'huile, sel et poivre. Réserver au frais.

Faire cuire les feuilles de lasagnes de 10 à 15 minutes dans un grand volume d'eau salée avec un filet d'huile. Les rafraîchir sous l'eau froide puis les égoutter sur un torchon. Les enduire avec un filet d'huile d'olive.

Pour le décor, réserver 1 ou 2 lanières de saumon, 2 tranches fines de courgette et 1 cuillerée à café de sauce à l'aneth.

Sur un plat de service, disposer côte à côte 2 feuilles de lasagnes. Étaler dessus un quart de la sauce à l'aneth puis déposer successivement la moitié du saumon fumé et des bandes de courgette. Ajouter un second quart de la sauce, 2 feuilles de lasagnes, à nouveau de la sauce, le reste du saumon et des bandes de courgette puis de la sauce. Couvrir avec les deux dernières feuilles de lasagnes.

Décorer avec les quelques brins d'aneth réservés, les bandelettes de saumon et de courgette et quelques gouttes de sauce.

LIEU À LA MOUTARDE

Peler, laver et éponger les carottes et le céleri-rave.

Peler l'oignon et le détailler en rondelles puis émincer les légumes en fine julienne. Passer le tout rapidement au beurre dans une grande poêle. Assaisonner.

Disposer dans un plat allant au four. Ranger par-dessus les darnes de lieu préalablement enduites de moutarde et couvertes de fromage râpé. Mouiller avec le vin.

Cuire au four à 240 °C (thermostat 8) pendant environ 15 minutes.

4 darnes de lieu
4 carottes
1/2 boule de céleri-rave
1 gros oignon
1 noix de beurre
Sel, poivre
4 cuillerées à soupe de moutarde
50 g de gruyère râpé
1 verre de vin blanc sec

LIEU PANÉ MIMOSA

Cuire 4 œufs à l'eau bouillante légèrement salée pendant 10 minutes. Les faire refroidir puis les écaler. Écraser finement à la fourchette.

Dans une assiette creuse, mettre 4 cuillerées à soupe de chapelure et mélanger avec un œuf battu. Y passer les darnes de poisson préalablement salées, poivrées et farinées, puis faire cuire à la poêle dans un filet d'huile de 2 à 3 minutes par face.

Servir chaud arrosé de jus de citron, parsemé de pluches de persil et accompagné des œufs durs.

4 darnes de lieu
5 œufs
4 cuillerées à soupe de chapelure
Sel, poivre
4 cuillerées à soupe de farine
1 filet d'huile
Quelques brins de persil
1 citron

LIMANDES À LA BIÈRE

4 soles limandes
500 g de carottes
1 gros oignon
1 cuillerée à café de graines de coriandre
Sel, poivre
1 filet d'huile
1 feuille de laurier
1 verre de bière

Éplucher les carottes et les détailler en rondelles.

Éplucher l'oignon et l'émincer finement.

Faire cuire les carottes et la moitié de l'oignon à l'eau bouillante salée. Égoutter puis passer au mixeur avec 1 cuillerée à café de graines de coriandre. Assaisonner puis réserver au chaud.

Dans une grande sauteuse, faire revenir le reste d'oignon avec un filet d'huile. Lever les filets des soles et les disposer à plat dans la sauteuse. Saler et poivrer modérément puis mouiller avec la bière.

Mettre la feuille de laurier. Couvrir et laisser cuire à petit frissonnement de 3 à 4 minutes.

Dresser les filets de poisson sur assiettes et y joindre 2 navettes confectionnées avec de la purée de carottes. Réserver au chaud.

Faire réduire fortement le jus de cuisson du poisson. En répartir un peu dans chaque assiette. Servir aussitôt.

LOUP AU VIN BLANC

1,5 kg de loup
2 échalotes
2 kg de tomates
2 citrons
5 branches de céleri
5 cl d'huile d'olive
25 cl de vin blanc
3 feuilles de laurier
1 cuillerée à café de thym
Sel, poivre du moulin

Vider et laver le poisson.

Éplucher et ciseler les échalotes.

Couper en tranches les tomates et les citrons préalablement lavés.

Farcir le ventre du poisson avec les branches de céleri.

Huiler un plat allant au four. Disposer le poisson au milieu puis l'arroser d'un trait d'huile d'olive. Ajouter le vin blanc, les rondelles de tomates et de citrons, le laurier, le thym et les échalotes.

Cuire à four chaud 200 °C (thermostat 6/7) environ 30 minutes.

Servir tel quel.

LOUP FARCI EN FEUILLETAGE

1,5 kg de loup
1 échalote
20 g de carottes
1 blanc de poireau
1 courgette
5 cl d'huile d'olive
3 dl de fumet de poisson
500 g de pâte feuilletée
2 jaunes d'œufs
2 dl de crème fleurette
Sel, poivre du moulin

Habiller le loup : le vider et le laver.

Éplucher et ciseler l'échalote.

Éplucher, laver et tailler en julienne les carottes, le poireau et la courgette.

Faire revenir la julienne et l'échalote dans l'huile d'olive à feu doux (2 minutes environ).

Faire réduire le fumet aux 2/3.

Farcir le loup de la julienne de légumes puis l'envelopper dans la pâte feuilletée. Dorer aux jaunes d'œufs battus.

Cuire à four très chaud sur la plaque à 230 °C (thermostat 8/9).

Crémer le fumet et le faire réduire. Assaisonner.

Servir le loup en feuilletage sur un plat, avec la sauce en saucière.

LOUP FLAMBÉ AU PASTIS

1,5 kg de loup
5 cuillerées à soupe d'huile d'olive
Sel, poivre du moulin
5 cl de pastis
2 citrons

Habiller et vider le poisson par les ouïes.

Le badigeonner d'huile.

Le poser sur le gril bien chaud et le faire griller 10 minutes de chaque côté.

Assaisonner. Arroser de pastis et flamber.

Décorer de rondelles de citron et servir aussitôt.

MAQUEREAUX AUX ÉPICES ET AU VIN BLANC

8 maquereaux
1 poivron rouge
Pour le court-bouillon
40 cl de vin blanc
20 cl de fumet de poisson
1 zeste d'orange non traitée
10 g d'anis étoilé
1 oignon
200 g de carottes
Sel, poivre

Habiller les maquereaux : les vider puis les rincer et les réserver au frais.

Préparer la garniture aromatique : éplucher et émincer l'oignon en bracelet. Laver, éplucher et tailler en rondelles les carottes. Laver et émincer le poivron.

Préparer le court-bouillon : mettre le vin blanc et le fumet à chauffer dans une casserole. Ajouter le zeste d'une orange, l'anis étoilé, les carottes et l'oignon. Assaisonner.

Mettre les maquereaux dans un plat allant au four. Disposer le poivron émincé dessus et verser le court-bouillon chaud.

Enfourner à couvert au four à 160 °C (thermostat 5/6) pendant 30 minutes.

Servir chaud ou froid.

MAQUEREAUX AUX ŒUFS DURS EN PAPILLOTE

4 maquereaux d'environ 250 g pièce
4 cuillerées à soupe d'huile d'olive
1 citron
Thym
1/2 verre de vin blanc sec
40 g de beurre
Pour la farce
4 tomates fraîches
Basilic
1 filet d'huile
2 gousses d'ail
Cerfeuil
Sel, poivre
4 œufs

Vider les maquereaux. Les nettoyer soigneusement et les éponger avec du papier absorbant.

Les enduire à l'intérieur et à l'extérieur d'un mélange d'huile, de jus de citron et de thym. Les assaisonner puis les couvrir d'un film alimentaire et laisser reposer au moins 1 heure au réfrigérateur.

Préparer la farce : peler et épépiner les tomates. Les détailler en petits dés. Y ajouter quelques feuilles de basilic hachées, un filet d'huile, l'ail écrasé et le cerfeuil ciselé, sel et poivre. Cuire les œufs 10 minutes à l'eau bouillante légèrement salée. Puis les écaler et les écraser à la fourchette. Mélanger avec la préparation à base de tomates.

Remplir les maquereaux avec cette farce puis les disposer sur des carrés de papier aluminium.

Mettre une noisette de beurre puis mouiller avec le vin blanc et refermer soigneusement sans toutefois trop enserrer le poisson.

Faire cuire à 210 °C (thermostat 7) pendant 20 minutes.

MAQUEREAUX GRILLÉS À LA MOUTARDE

4 maquereaux
Sel, poivre
4 cuillerées à café de moutarde
Thym
Graines de coriandre
1 filet d'huile d'olive

Vider les maquereaux. Les laver et bien les essuyer. Saler et poivrer l'intérieur et l'extérieur. Badigeonner l'intérieur de moutarde.

Disposer dans un plat allant au four. Parsemer de thym et de graines de coriandre. Arroser d'un filet d'huile d'olive.

Faire cuire de 10 à 15 minutes suivant la grosseur à 240 °C (thermostat 8).

Servir avec des pommes de terre cuites à la vapeur.

MARINIÈRE DE CRUSTACÉS AU SAFRAN

1 kg de moules
400 g de coques
12 langoustines
100 g de crevettes bouquet
2 échalotes
1 oignon
10 cl d'huile d'olive
20 cl de vin blanc
1 bouquet garni
Sel, poivre du moulin
1 capsule de safran en poudre
20 cl de crème fleurette
1 brin de persil plat
Court-bouillon

Gratter et laver les moules ainsi que les coques.

Éplucher et ciseler les échalotes et l'oignon puis les faire suer à l'huile d'olive dans une grande sauteuse.

Ajouter le vin blanc, le bouquet garni et porter à ébullition.

Mettre les moules et coques dans la sauteuse. Assaisonner et cuire 5 minutes à couvert. Retirer du feu.

Pocher les langoustines et les crevettes pendant 4 minutes dans un court-bouillon.

Retirer les moules et les coques de la sauteuse. Passer le jus au chinois.
Le crémer et le safraner.

Disposer les crustacés dans un plat. Napper de sauce et parsemer de persil.

MÉDAILLONS DE LOTTE À L'AMÉRICAINE

1 queue de lotte d'environ 1 kg
Sel, poivre du moulin
2 cuillerées à soupe d'huile d'olive
1 oignon
2 échalotes
2 gousses d'ail
1 pincée de poivre de Cayenne
10 cl de cognac
3 tomates concassées, épépinées
1 cuillerée à soupe de concentré de tomates
2 blancs de poireaux
15 cl de fumet de poisson
15 cl de vin blanc sec
10 g d'estragon, de persil et de cerfeuil hachés

Faire dépouiller la lotte par le poissonnier. La découper en tronçons. Saler et poivrer.

La faire revenir à l'huile, dans une sauteuse. Une fois les tronçons colorés, faire suer l'oignon et les échalotes hachés, puis ajouter l'ail écrasé dans sa peau, le poivre de Cayenne et 2 cuillerées à soupe de cognac. Flamber.

Ajouter les tomates, le concentré de tomates, les blancs de poireaux effilés, le fumet et le vin. Rectifier l'assaisonnement.

Faire cuire pendant 20 minutes. Retirer la lotte et conserver au chaud.

Faire réduire de moitié le jus de cuisson puis, hors du feu, verser sur la lotte le cognac restant.

Saupoudrer d'herbes finement hachées.

Servir sans attendre avec du riz en accompagnement.

MÉDAILLONS DE LOTTE AU CHAMPAGNE EN CHOUCROUTE MARINE

Décoquiller puis nettoyer les Saint-Jacques. Bien les rincer à l'eau courante.

Faire cuire la choucroute à couvert dans une cocotte en fonte avec le lard détaillé en bâtonnets et un verre de champagne. Réserver au chaud.

Pocher 10 minutes dans le fumet frémissant la lotte, les Saint-Jacques et les langoustines.

Préparer la sauce : pendant ce temps, mettre dans une petite casserole l'échalote hachée et l'autre verre de champagne. Faire réduire à sec puis ajouter la crème fraîche. Laisser bouillir fortement 5 minutes pour épaissir. Assaisonner puis passer au tamis.

Dresser la choucroute dans chaque assiette avec un médaillon de lotte, deux langoustines et une noix de Saint-Jacques puis napper de sauce. Ajouter 1 cuillerée à café d'œufs de saumon et servir aussitôt.

500 g de lotte en tronçons
8 langoustines
4 coquilles Saint-Jacques
600 g de choucroute crue
250 g de poitrine de porc fumée
1 verre de champagne
1 l de fumet de poisson
4 cuillerées à café d'œufs de saumon
Pour la sauce
1 grosse échalote
1 verre de champagne
25 cl de crème épaisse
Sel, poivre du moulin

MÉDAILLONS DE MERLU AU JAMBON DE PAYS

Laver et émincer le poivron rouge et les piments verts. Éplucher et émincer l'oignon. Couper la tomate en dés. Éplucher et couper la carotte en rondelles.

Cuire les cocos frais dans le fond de volaille avec les rondelles de carotte et le bouquet garni. Assaisonner.

Nettoyer et émincer les calamars.

Faire revenir dans l'huile d'olive le poivron rouge, les piments verts, l'oignon et les dés de tomate. Ajouter l'ail et le piment d'Espelette puis assaisonner.

Entourer les médaillons de merlu de demi-tranches de jambon de pays. Les faire revenir dans l'huile d'olive.

Faire revenir dans une poêle avec de l'huile d'olive les calamars et ajouter l'échalote ciselée.

Récupérer le jus du poivron et des piments dans une casserole. Ajouter le vinaigre et un peu d'huile d'olive.

Dresser dans les assiettes les médaillons de merlu, les cocos autour, le mélange poivron-piments et les calamars. Napper l'ensemble de vinaigrette.

4 médaillons de merlu (120 g)
1 poivron rouge
4 piments verts
1 oignon
1 tomate
1 carotte
100 g de cocos frais
30 cl de fond de volaille
1 bouquet garni
Sel, poivre du moulin
250 g de calamars
10 cl d'huile d'olive
1 gousse d'ail
1 pincée de piment d'Espelette
3 tranches de jambon de pays
1 échalote
5 cl de vinaigre de Xérès

MÉLI-MÉLO D'AGRUMES AU CRABE

4 crabes cuits
2 pamplemousses roses
2 oranges
1 cuillerée à soupe de vinaigre de framboise
3 cuillerées à soupe d'huile de tournesol
Sel, poivre blanc
4 avocats
1 pomme acidulée
Aneth

Décortiquer les crabes et en extraire toute la chair.

Peler à vif les pamplemousses et les oranges puis les détailler en quartiers. Récupérer dans un bol le jus qui s'écoule lors de l'opération puis le filtrer. S'en servir pour confectionner une vinaigrette en ajoutant 1 cuillerée à soupe de vinaigre de framboise, une pincée de sel, du poivre blanc et 3 cuillerées à soupe d'huile de tournesol. Bien émulsionner.

Enlever la peau des avocats et confectionner de petites billes de chair avec une cuillère à melon.

Couper la pomme en quatre. Ôter le trognon et la queue puis détailler en quartiers.

Répartir la chair de crabe sur les assiettes de service et dresser autour d'un côté les quartiers de pomme et de pamplemousse en alternant, de l'autre, les billes d'avocat et les quartiers d'orange. Arroser l'ensemble d'un peu de vinaigrette puis ajouter quelques pluches d'aneth.

MELON AUX CREVETTES ET AU JAMBON DE PAYS

500 g de crevettes cuites
4 petits melons
4 tranches très fines de jambon de pays
Pour la vinaigrette
Huile d'olive
Vinaigre de framboise
Ciboulette
Sel et poivre

Décortiquer les crevettes. Laver les melons puis en découper le dessus. En extraire les pépins puis les creuser (sans trouer l'écorce) avec une cuillère à melon pour former de petites billes de chair. Réserver ces billes de melon dans un saladier. Y ajouter les crevettes et de fines lanières de jambon de pays.

Assaisonner avec une vinaigrette composée d'huile d'olive, de vinaigre de framboise, sel, poivre et ciboulette. Bien mélanger puis regarnir les écorces de melon évidées.

Servir avec le reste de vinaigrette à part.

MERLAN À LA VAPEUR, JULIENNE DE LÉGUMES

Éplucher et laver puis tailler en julienne les carottes, les poireaux et le céleri.

Cuire avec le bouquet garni 5 minutes à la vapeur ou 15 minutes dans une sauteuse à couvert à feu doux.

Poser les filets de merlan dessus et cuire encore 10 minutes. Assaisonner.

Servir sur un lit de légumes. Arroser de beurre fondu citronné et parsemer de persil.

8 filets de merlan
200 g de carottes
200 g de poireaux
100 g de céleri-rave
50 g de beurre
1 citron
1 bouquet garni
Quelques brins de persil
Sel, poivre du moulin

MERLANS FRITS EN COLÈRE

Préparer les merlans : les ébarber, les vider et les laver. Mettre la queue dans la bouche des merlans et les piquer avec un cure-dent. Les fariner.
Les faire frire de 6 à 8 minutes.

Frire également le persil.

Historier les citrons (les couper en deux en dents de scie). Assaisonner.

Dresser à l'assiette.

4 merlans de 250 g chacun
50 g de farine
Huile
50 g de persil
2 citrons
Sel, poivre du moulin

MILLEFEUILLES DE CHOU ET DE POISSONS FUMÉS

4 belles tranches de saumon fumé
1 beau filet de haddock (350 à 400 g)
1 petit chou vert
1 poireau
1 noisette de beurre
1/2 l de lait
Baies roses
Quelques œufs de truite ou de saumon

Pour la sauce

2 cuillerées à soupe de vinaigre de vin
2 cuillerées à soupe d'huile de tournesol
1 cuillerée à soupe d'huile de noisettes
Aneth
Sel, poivre

Effeuiller et laver le chou. Enlever les parties dures ou filandreuses (trognon et grosses côtes notamment).

Faire cuire dans un grand volume d'eau salée en conservant toutefois un certain croquant aux feuilles. Bien égoutter.

Émincer le poireau et le blanchir à l'eau bouillante puis le passer rapidement à la poêle dans du beurre.

Enlever la peau du haddock et couper le filet en morceaux de 1 à 2 cm de large. Placer dans une casserole et y verser le lait. Compléter au besoin avec un peu d'eau puis amener à frémissement doux. Faire pocher ainsi (sans bouillir) pendant 5 minutes. Bien égoutter et laisser tiédir.

Préparer la sauce : mélanger le vinaigre et les huiles, une pincée de sel, du poivre et quelques brins d'aneth.

Couper des morceaux dans les tranches de saumon fumé et en emballer les tronçons de haddock. Dresser sur les assiettes de service en alternant le chou, le poisson et le poireau. Parsemer de quelques brins d'aneth, de baies roses et d'un peu d'œufs de truite ou de saumon.

Servir tiède avec la vinaigrette en saucière.

MORUE À LA PAYSANNE

500 g de morue salée
500 g de pommes de terre
2 oignons
20 cl d'huile d'olive
Sel, poivre du moulin
1 bouquet de persil

Faire dessaler la morue la veille dans de l'eau froide (en changeant plusieurs fois l'eau).

Faire cuire les pommes de terre avec la peau dans de l'eau bouillante salée (environ 15 minutes). Puis les couper en rondelles.

Éplucher et couper les oignons en rondelles et les faire revenir à l'huile d'olive. Ajouter la morue et les pommes de terre. Assaisonner et faire dorer doucement.

Dresser dans les assiettes et parsemer de persil ciselé.

MOSAÏQUE DE FLÉTAN ET DE COURGETTES

1 kg de filets de flétan
4 tranches de saumon fumé
800 g de courgettes
20 cl d'huile d'olive
Sel, poivre

Préparer les courgettes : les laver et les tailler en julienne.

Préparer le poisson : couper les filets de flétan en pavés. Couper le saumon fumé en lanières de 5 cm de large.

Dans un plat huilé, disposer les pavés de flétan puis les décorer en damier de lanières de saumon. Assaisonner. Badigeonner d'huile et recouvrir d'un papier cuisson. Cuire à four chaud à 180 °C (thermostat 6) pendant 15 minutes.

Faire revenir la julienne dans l'huile d'olive et faire cuire à feu doux 10 minutes. Assaisonner.

Dresser à l'assiette.

MOUCLADE RÉTAISE

1,5 kg de moules de bouchot
2 gousses d'ail
1 gros oignon
1 échalote
1 bouquet garni
3 verres de vin blanc
Pour la sauce
25 g de beurre
2 gousses d'ail
2 échalotes
1 cuillerée à soupe rase de curry
1 pointe de couteau de safran
10 g de farine
10 cl de lait
20 cl de crème fleurette
5 g de gros sel, poivre du moulin
Quelques brins de ciboulette

Gratter et laver les moules.

Éplucher et émincer les échalotes, l'oignon et l'ail en séparant ceux destinés à la cuisson de ceux prévus pour la sauce.

Cuire les moules façon marinière avec le bouquet garni et le vin blanc.
Les égoutter et conserver le jus de cuisson.

Retirer la coque supérieure et conserver la partie contenant la moule au chaud.

Préparer la sauce : dans une casserole, faire fondre le beurre. Y faire suer les échalotes et l'ail réservés pour la sauce. Ajouter le curry, la farine et le safran. Mélanger au fouet. Ajouter progressivement le lait puis le jus de cuisson des moules passé préalablement au chinois. Fouetter jusqu'à ébullition. Ajouter ensuite la crème fleurette et assaisonner. Remonter à ébullition puis, pour finir, passer la sauce au chinois.

Verser la sauce très chaude sur les moules et saupoudrer de ciboulette finement hachée.

Servir sans attendre.

MOULES À LA PROVENÇALE

1 kg de moules
1 cuillerée à café de persil haché
2 cuillerées à café de ciboulette hachée
Sel, poivre du moulin
Vin blanc
Pour la ratatouille
1 oignon, 2 courgettes
2 tomates, 1 aubergine
5 cl d'huile d'olive
2 cuillerées à soupe de concentré de tomates
1 cuillerée à café d'ail finement ciselé

Gratter et laver les moules. Les cuire façon marinière.

Les détacher de leur coquille et les réserver au chaud.

Passer la sauce au tamis et faire réduire de moitié.

Préparer la ratatouille : couper en brunoise (petits dés) les légumes et les faire revenir dans l'huile d'olive. Ajouter ensuite le concentré de tomates, l'ail puis terminer avec le persil haché.

Mélanger les moules avec la ratatouille et le jus de cuisson. Parsemer de ciboulette.

MOULES FARCIES

1 kg de moules
50 g d'échalotes
4 gousses d'ail
15 g de persil
25 g de mie de pain fraîche
150 g de beurre
Sel, poivre du moulin
Vin blanc

Gratter et laver les moules.

Éplucher et ciseler les échalotes.

Éplucher et hacher l'ail et le persil.

Préparer la mie de pain fraîche.

Travailler le beurre en pommade et y ajouter les échalotes, l'ail, le persil haché et la mie de pain. Mélanger.

Cuire les moules façon marinière et laisser refroidir.

Farcir chaque moule (froide) avec le beurre (sans la coquille supérieure).

Placer les moules farcies dans 4 assiettes et gratiner au four de 1 à 2 minutes au dernier moment.

MOULES MARINIÈRES À LA CHARENTAISE

1 kg de moules
50 g d'échalotes
25 g de persil
1,5 dl de vin blanc
100 g de beurre
Poivre du moulin

Gratter et laver les moules.

Éplucher et ciseler finement les échalotes. Hacher le persil.

Mettre les moules dans une casserole avec le vin blanc, les échalotes et le persil. Poivrer et mettre 50 g de beurre coupé en morceaux. Cuire à couvert et à feu vif de 6 à 8 minutes. Remuer en cours de cuisson et retirer du feu lorsque les moules s'entrouvrent largement.

Mettre les moules dans un plat de service. Incorporer le reste de beurre dans le jus de cuisson. Fouetter puis verser le jus sur les moules.

MOULES PIQUANTES

800 g de moules
Huile d'olive
1 oignon
2 piments verts épépinés
1 grosse gousse d'ail
1 cuillerée à soupe de gingembre râpé
Cumin, curcuma
Poivre de Cayenne en poudre
Gros sel
25 cl de vin blanc sec
Persil plat

Nettoyer les moules.

Faire chauffer 2 cuillerées à soupe d'huile dans une cocotte et y faire revenir l'oignon émincé quelques minutes. Ajouter les piments hachés, l'ail écrasé, le gingembre, le cumin, 1 cuillerée à café de curcuma, une pincée de poivre de Cayenne en poudre et une pincée de gros sel. Laisser cuire un instant puis mouiller avec le vin. Porter à ébullition puis ajouter les moules. Couvrir et laisser cuire de 8 à 10 minutes en remuant de temps en temps.

Éliminer systématiquement les moules restées fermées. Parsemer de persil ciselé et servir en grande soupière.

MOULES SAUCE AU CURRY

800 g de moules
1 petit oignon
1 filet d'huile d'olive
Plusieurs brins de persil
25 cl de vin blanc sec
400 g de brocolis
Aneth
Pour la sauce au curry
1 cuillerée à café de Maïzena
1 capsule de safran
1 cuillerée à soupe de curry
Baies roses
1 cuillerée à soupe de crème fraîche
Sel, poivre

Nettoyer les moules sous l'eau froide. Éliminer toutes celles qui paraissent douteuses.

Dans une cocotte, faire fondre l'oignon émincé dans un filet d'huile. Ajouter les moules, quelques brins de persil (en laisser quelques-uns pour la présentation) et mouiller avec le vin. Couvrir et laisser cuire à feu vif 8 minutes environ. Retirer les moules et, pour chaque, ôter une des coquilles. Réserver au chaud.

Filtrer le jus de cuisson.

Faire chauffer une grande quantité d'eau salée et y faire cuire les brocolis à votre convenance.

Préparer la sauce au curry : dans une petite casserole, délayer la Maïzena avec le jus de cuisson. Ajouter le safran, le curry, quelques baies roses. Porter à ébullition et maintenir quelques instants. Ajouter la crème. Rectifier l'assaisonnement.

Dans un plat de service, disposer les bouquets de brocolis et les moules nappées d'un peu de sauce. Parsemer l'ensemble de persil ciselé et d'aneth. Servir le reste de sauce en saucière.

NAGE DE SAINT-JACQUES AU BEURRE NANTAIS

16 noix de Saint-Jacques
700 g d'épinards
1 carotte
1 poireau
40 g de beurre
Sel, poivre du moulin
Aneth
Cerfeuil
Pour le beurre nantais
2 échalotes finement hachées
20 cl de vin blanc
250 g de beurre
Poivre du moulin

Éplucher et laver les épinards. Éplucher, laver et tailler en julienne la carotte et le poireau. Laver les noix de Saint-Jacques et les couper en deux dans le sens de l'épaisseur.

Faire sauter les épinards au beurre et assaisonner. Garder au chaud.

Faire suer la julienne de légumes et faire sauter séparément les noix (1 minute de chaque côté à feu vif). Assaisonner, puis conserver au chaud.

Préparer le beurre nantais : mettre l'échalote et le vin blanc dans une casserole et laisser réduire jusqu'à ce qu'il reste l'équivalent de 1 cuillerée à soupe de liquide. À feu doux, et en battant sans interruption, ajouter les petits morceaux de beurre. Poivrer. Passer la sauce au chinois.

Dans les assiettes, disposer en premier les épinards, puis les noix de Saint-Jacques et parsemer de julienne de légumes. Napper de sauce. Décorer avec les herbes.

ŒUFS À LA COQUE ET ŒUFS DE SAUMON

8 œufs
120 g d'œufs de saumon
Quelques brins d'aneth
Sel, poivre du moulin

Faire bouillir de l'eau dans une grande casserole.

Dès l'ébullition, plonger délicatement les œufs (qui doivent être à température ambiante et ne pas sortir du réfrigérateur). Cuire 3 minutes exactement. Les sortir immédiatement de l'eau et les mettre dans des coquetiers.

Décalotter chaque œuf en retirant l'extrémité supérieure. Les remplir d'œufs de saumon, assaisonner et décorer de brins d'aneth.

Servir aussitôt.

ŒUFS BROUILLÉS AUX OURSINS

12 oursins (3 par personne)
2 échalotes
50 g de beurre
3 œufs
Sel, poivre

Ouvrir les oursins en faisant une petite ouverture sur le dessus. Les vider et mettre le corail dans un saladier.

Éplucher et ciseler les échalotes. Les faire suer dans le beurre.

Casser les œufs et les mélanger avec le corail. Assaisonner.

Mettre la préparation dans la poêle avec les échalotes et faire cuire sans cesser de remuer (technique de l'œuf brouillé).

Remettre cette préparation une fois cuite dans les coques d'oursins vides et servir aussitôt.

ŒUFS DE CAILLE
EN COQUES D'OURSINS

16 oursins (4 par personne)
16 œufs de caille
20 cl de crème fleurette
1 botte de cerfeuil
Sel, poivre

Ouvrir les oursins en faisant une petite ouverture sur le dessus. Gratter le corail pour le détacher.

Casser les œufs de caille en mettant un œuf par oursin.

Ajouter un peu de crème fleurette et une pluche de cerfeuil. Assaisonner.

Cuire à four chaud à 200 °C (thermostat 6/7) pendant 10 minutes et servir aussitôt avec le saladier de corail.

OMELETTE AU CRABE ET AUX CHAMPIGNONS*

250 g de chair de crabe
250 g de champignons de Paris
6 œufs
1 petit oignon
Crème fraîche
Persil plat
Beurre
Mayonnaise
Ketchup
Tabasco
Sel, poivre

Nettoyer, émincer les champignons puis les faire sauter à la poêle dans un peu de beurre avec l'oignon finement émincé.

Saler, poivrer ; laisser cuire 20 minutes puis ajouter un peu de persil ciselé et la chair de crabe émiettée. Laisser cuire encore 1 ou 2 minutes avant d'éteindre le feu.

Dans une terrine, battre les œufs avec 3 cuillerées à soupe de crème fraîche, un peu de persil ciselé, du sel et du poivre.

Faire fondre un petit morceau de beurre dans une poêle, y verser les œufs et faire prendre l'omelette en la retournant à mi-cuisson.

Transvaser l'omelette dans un plat, la farcir avec la chair de crabe et les champignons et la replier en deux.

Servir accompagné d'une mayonnaise enrichie de 2 cuillerées à soupe de ketchup et de quelques gouttes de tabasco.

OMELETTE AUX MOULES ET AUX POIREAUX*

6 œufs
400 g de moules
2 poireaux
2 tomates pelées
Huile d'olive
Sel

Laver les moules et ôter le byssus. Les faire ouvrir dans une casserole à feu vif avant d'extraire les mollusques. Réserver.

Faire cuire les poireaux à l'étouffée avec 2 cuillerées à soupe d'huile et les 2 tomates pelées, puis ajouter les moules et faire revenir 2 minutes. Laisser tiédir.

Dans une terrine, battre les œufs avec une pincée de sel avant d'ajouter les moules.

Faire chauffer un filet d'huile d'olive dans une poêle, puis verser le mélange et faire dorer de chaque côté.

Servir immédiatement.

ORPHIES SAUCE VERTE

3 orphies (anguilles de mer)
1 gousse d'ail
2 tomates
Quelques brins de persil
10 cl d'huile d'olive
20 cl de vin blanc
Sel, poivre du moulin
Pour la sauce verte
1 bouquet de persil
20 g de mie de pain
3 cl de vinaigre
10 cl d'huile d'olive
1 citron
10 g de câpres
Sel, poivre du moulin

Laver et vider les orphies. Les tronçonner.

Éplucher et hacher finement la gousse d'ail. Monder (plonger 1 minute dans l'eau frissonnante et éplucher) les tomates. Laver et hacher le persil.

Dans une sauteuse, faire revenir l'ail haché dans l'huile d'olive. Puis y faire dorer le poisson. Verser le vin blanc. Ajouter la tomate et le persil. Assaisonner et cuire à couvert 20 minutes à feu doux.

Préparer la sauce verte : laver et hacher finement le persil. Faire tremper la mie de pain dans le vinaigre, puis mélanger la mie de pain, le persil haché, l'huile d'olive, le jus de citron, les câpres, sel et poivre.

Dans les assiettes, servir les orphies avec la sauce verte.

OURSINS À LA LANGOUSTE

1 langouste d'environ 800 g
2 douzaines d'oursins
3 l de court-bouillon
10 cl de crème fleurette
75 g de beurre
Sel, poivre du moulin

Préparer le court-bouillon. Puis plonger la langouste et la laisser cuire pendant 15 minutes. Retirer du feu et laisser refroidir dans le court-bouillon.

Ouvrir les oursins, jeter l'eau et prélever le corail. Conserver les 12 plus grosses coquilles et les nettoyer.

Couper la langouste en deux et recueillir le corail. Couper la chair en petits dés. Répartir dans les coquilles.

Malaxer le corail recueilli avec la crème fleurette et assaisonner. Napper chaque coquille et poser une noisette de beurre. Passer 5 minutes au four chauffé préalablement à 270 °C (thermostat 9).

OURSINS DE MER AU POIVRE ET AU CITRON*

60 oursins de mer
2 citrons
Poivre

Mettre les oursins à dégorger dans une grande quantité d'eau salée pendant 3 heures puis les égoutter.

À l'aide d'une paire de ciseaux, couper les piquants de la région de la bouche puis inciser cette dernière et la détacher.

Éliminer l'intestin, le liquide interne et les résidus d'algues.

Dresser les oursins sur un plat de service, les arroser de jus de citron et poivrer.

Servir immédiatement.

Le conseil du chef

Vous pouvez servir les oursins dressés sur un lit de salade ou sur de la glace pilée. Les œufs pourront être récoltés à la petite cuillère ou à l'aide d'un morceau de pain.

PAELLA AUX FRUITS DE MER

12 gambas moyennes crues
4 grosses langoustines
800 g de moules, 500 g de coques
500 g de calamars
1 tranche de thon rouge
4 gousses d'ail, 1 oignon, 1 poivron vert
Huile d'olive
2 capsules de safran
1 cuillerée à café de curry
1 cuillerée à café de paprika
350 g de riz blanc longs grains
Sel, poivre

Faire dégorger les coques au moins 1 heure 30 dans de l'eau légèrement salée. Bien les rincer. Gratter les moules et les passer sous l'eau courante.

Préparer les calamars : retirer la tête et les viscères en prenant garde de ne pas crever la poche à encre puis enlever la plume transparente du corps. Trancher les tentacules juste devant les yeux puis jeter le reste de la tête. Couper les nageoires triangulaires puis ôter la peau en tirant dessus (s'aider en passant les doigts dans du sel). Rincer soigneusement l'ensemble sous l'eau froide. Éponger puis couper en morceaux.

Éplucher l'ail et l'oignon.

Fendre le poivron en deux puis éliminer les graines et les membranes blanchâtres. Détailler en lanières courtes.

Dans une très grande poêle (l'idéal est un plat rond à paella), faire revenir, dans 6 cuillerées à soupe d'huile d'olive, le poivron, l'ail écrasé et l'oignon émincé finement.

Dans une casserole, faire chauffer un volume d'eau double de celui du riz et y verser le safran, le paprika et le curry. Maintenir au chaud.

Ajouter dans la poêle les morceaux de calamars, le thon détaillé en gros morceaux et les coques. Cuire 5 minutes puis ajouter le riz. Assaisonner puis bien mélanger. Attendre quelques instants que le riz devienne transparent puis ajouter les gambas en les enfonçant dans la préparation. Disposer dessus les moules et les langoustines. Mouiller avec l'eau safranée et mettre à feu vif de 1 à 2 minutes.

Poursuivre la cuisson 20 minutes à feu moyen en rajoutant un peu d'eau si nécessaire.

Laisser reposer à couvert hors du feu de 5 à 10 minutes avant de servir.

PAIN DE POISSON AUX CREVETTES GRISES

500 g de crevettes grises décortiquées
Sel, poivre blanc
2 gros œufs
6 grosses cuillerées à soupe de crème épaisse
Cerfeuil
Huile
Coulis de tomates

Mixer finement les crevettes avec un robot ou les piler au mortier. Transférer dans un saladier. Saler et poivrer puis ajouter les blancs d'œufs un à un en malaxant sans arrêt.

Passer la préparation au tamis et réserver 2 heures à grand froid.

Disposer le saladier sur de la glace pilée et incorporer alors la crème fraîche épaisse, très froide, par petites quantités en mélangeant bien. Rectifier l'assaisonnement.

Huiler très légèrement un moule rectangulaire puis le remplir de mousse.

Cuire au bain-marie à 180 °C (thermostat 6) pendant 25 à 30 minutes.

Servir tiède, parsemé de cerfeuil ciselé, et accompagné d'un coulis de tomates froid.

PALETS D'ESPADON

Disposer soigneusement les tranches d'espadon sur un grand plat et arroser d'huile et de jus de citron. Saler et poivrer légèrement. Couvrir d'un film alimentaire et réserver 1/2 heure au froid.

Laver les courgettes. Réserver les fleurs. Détailler les courgettes en fine julienne.

Recouvrir chaque tranche d'espadon avec du gruyère râpé et de la courgette puis rouler pour former des cylindres. Réserver au frais. Conserver le jus de la marinade.

Au moment de servir, poêler très rapidement les fleurs de courgette dans un filet d'huile. Détailler chaque cylindre en tronçons de 3 à 4 cm. Les présenter à plat avec une fleur de courgette, un filet de marinade, sel et poivre. Décorer l'assiette de feuilles de mâche.

200 g d'espadon frais en très fines tranches
1 citron
Huile d'olive
Sel, poivre
200 g de jeunes courgettes avec leur fleur
100 g de gruyère râpé
Quelques bouquets de mâche

PALETS FEUILLETÉS DE SAINT-JACQUES

Préchauffer le four à 180 °C (thermostat 6). Découper 4 ronds dans la pâte feuilletée étalée.

Disposer sur une feuille de papier sulfurisé et cuire 10 minutes au four.

Pendant ce temps, faire revenir 5 minutes l'oignon émincé dans du beurre. Ajouter les épinards lavés et équeutés. Remuer à feu vif avec une fourchette piquée d'une gousse d'ail pelée. Veiller à conserver un certain croquant aux épinards. Ajouter 1/2 zeste de citron, les herbes ciselées. Rectifier l'assaisonnement.

Faire sauter au beurre les noix de Saint-Jacques dans une poêle (1 minute par face). Mouiller d'un trait de porto et laisser évaporer. Ajouter la crème avec sel, poivre et Cayenne.

Garnir les palets feuilletés encore chauds avec des épinards bien égouttés, une noix de Saint-Jacques, un peu de sauce crémeuse et une très fine tranche de citron vert.

Servir sans attendre avec le reste de sauce présenté en saucière.

4 grosses noix de Saint-Jacques
1 rouleau de pâte feuilletée
1 petit oignon
25 g de beurre demi-sel
400 g d'épinards frais
1 gousse d'ail
1 citron vert non traité
2 cuillerées à soupe de persil plat et de cerfeuil ciselés
1 trait de porto
1 grosse cuillerée à soupe de crème fraîche
Poivre de Cayenne
Sel, poivre

PALOURDES FARCIES À L'ALSACIENNE

4 douzaines de palourdes
125 g de choucroute crue
1 verre de riesling
1 gousse d'ail pelée
4 échalotes
1 grosse noix de beurre
25 cl de crème épaisse
Gros sel
Chapelure
Quelques brins de cerfeuil
Sel, poivre

Faire cuire la choucroute à couvert dans une cocotte en fonte avec le vin d'Alsace.

Ouvrir les palourdes et récupérer leur jus. Les extraire et réserver les coquilles.

Dans une casserole, blanchir les noix de palourdes 30 secondes dans leur jus. Les égoutter puis passer le jus.

Dans une casserole, faire revenir quelques minutes les échalotes et l'ail hachés dans une grosse noix de beurre. Ajouter dans la cocotte avec la choucroute et bien mélanger. Laisser cuire ensemble 10 minutes. Assaisonner.

Mettre la crème dans la casserole qui a servi à faire fondre les échalotes et faire réduire de moitié à grand feu. Pendant ce temps, dans une autre casserole, faire réduire du quart le jus de cuisson des palourdes puis verser sur le mélange précédent. Bien mélanger. Poursuivre la réduction 2 minutes supplémentaires.

Disposer un lit de gros sel dans un plat légèrement creux puis y ranger les coquilles vides préalablement nettoyées. Les remplir d'un fond de choucroute puis y déposer une noix de palourde et un peu de sauce. Parsemer d'une pincée de chapelure puis passer sous le gril du four pendant 4 à 5 minutes.

Déposer une pluche de cerfeuil sur chaque coquille et servir aussitôt.

PAMPLEMOUSSE AU CRABE

500 g de chair de crabe
4 pamplemousses
1/2 citron
20 cl de crème fleurette
10 g d'aneth
Sel, poivre du moulin

Peler les pamplemousses à vif et détacher les tranches.

Mélanger le citron, la crème fleurette, l'aneth haché puis assaisonner.

Égoutter la chair de crabe puis l'émietter et la mélanger à la sauce.

Dresser et décorer à l'assiette.

PAPILLOTES DE CABILLAUD AUX AGRUMES

600 g de filets de cabillaud
Sel, poivre
1 citron et 1 orange non traités
125 g de beurre
1 grosse échalote
1 petit verre de vermouth
Huile
2 œufs
Cerfeuil

Couper les filets de cabillaud en 4 morceaux. Assaisonner.

Laver le citron et l'orange puis prélever leur zeste en laissant la peau blanche amère. Tailler en longs filaments et faire blanchir à deux reprises.

Préparer 4 papillotes en papier sulfurisé. Disposer dans chacune un morceau de cabillaud avec un petit morceau de beurre. Ajouter les zestes détaillés et l'échalote hachée. Mouiller avec le vermouth.

Bien refermer les papillotes et en huiler l'extérieur. Les disposer sur une plaque et cuire 10 minutes à four chaud 210 °C (thermostat 7).

Pendant ce temps, clarifier le reste du beurre et réserver au chaud. Fouetter vivement les jaunes d'œufs avec 1 bonne cuillerée à soupe de jus d'orange, à feu très doux jusqu'à émulsion. Y incorporer petit à petit le beurre fondu. Assaisonner.

Ouvrir les papillotes pour le service, déposer une pluche de cerfeuil et napper de sauce.

PAPILLOTES DE COLIN ET DE COURGETTES

4 darnes de colin
2 petites courgettes
Huile d'olive
Sel, poivre
1 petit bulbe de fenouil
1 orange non traitée
1 citron
Thym

Laver, essuyer puis émincer les courgettes en fines lamelles. Les faire revenir à l'huile d'olive dans une poêle. Les égoutter.

Découper 4 grands carrés de papier aluminium. Assaisonner les darnes de colin et les poser au centre. Répartir autour les courgettes.

Laver, éponger puis émincer finement le bulbe de fenouil. Disposer sur le poisson.

Prélever le zeste de l'orange. Le tailler en longs filaments et en parsemer chaque papillote. Presser le jus de l'orange et du citron dans un bol. Y joindre un filet d'huile et un peu de thym. Bien mélanger puis en mouiller chaque papillote avant de la refermer.

Cuire pendant environ 20 minutes au four à 240 °C (thermostat 8).

PAPILLOTES DE COQUILLAGES À LA FLEUR DE THYM

1 kg de moules
500 g de praires
500 g de coques
500 g de palourdes
1 citron vert
20 cl de vin blanc
1 bouquet de fleur de thym
4 petites feuilles de laurier
Poivre

Mettre la veille les praires, palourdes et coques dans de l'eau froide et les conserver au réfrigérateur pour évacuer le sable contenu.

Le lendemain, bien laver et gratter les moules. Rincer les autres coquillages.

Couper le citron en 4 grosses rondelles.

Répartir équitablement dans 4 feuilles d'aluminium ou papier sulfurisé les coquillages, le vin blanc, les tranches de citron, le thym et le laurier. Poivrer et refermer les papillotes.

Cuire à four très chaud à 220 °C (thermostat 7/8) pendant 10 minutes.

Servir aussitôt.

PAPILLOTES DE TRUITE AUX CHAMPIGNONS DES BOIS

2 beaux filets de truite de mer
10 g de beurre
400 g de champignons des bois en mélange (cèpes, girolles, etc.)
1 gousse d'ail
Quelques brins de persil
1 grosse échalote
Sel, poivre
1/2 verre de vin blanc sec
4 cuillerées à soupe de crème épaisse

Enlever la peau et les arêtes des filets de poisson puis les couper en deux. Les passer très rapidement à feu vif dans une poêle beurrée pour les colorer. Réserver.

Nettoyer les champignons en évitant si possible de les laver. Sinon, bien les essuyer. Les couper en morceaux puis les faire sauter dans la poêle à feu vif pour leur faire rendre leur première eau. Éliminer le jus puis faire revenir avec du beurre quelques minutes. Ajouter l'ail, le persil et l'échalote finement hachés. Assaisonner.

Préparer 4 grandes papillotes en papier sulfurisé et les graisser. Disposer au centre un morceau de poisson et entourer de champignons sautés. Mettre 1 cuillerée à soupe de crème puis mouiller avec un peu de vin. Refermer les papillotes.

Cuire au four de 10 à 15 minutes à 210 °C (thermostat 7).

PASTÈQUE EN SALADE DE CRABE

250 g de pinces de crabe
250 g de tourteau
400 g de mesclun
1/2 pastèque
100 g de framboises
Pour la vinaigrette
5 cl de vinaigre de framboise
15 cl d'huile
Sel, poivre

Laver la salade. Égoutter.

Égoutter le crabe et le tourteau.

Tailler des boules de pastèque à l'aide d'une cuillère à pomme parisienne.

Laver les framboises, les égoutter. Faire une vinaigrette avec le vinaigre, l'huile, le sel et le poivre.

Dresser à l'assiette la salade, la pastèque, du tourteau et du crabe puis arroser le tout de vinaigrette et parsemer de framboises.

PAUPIETTES DE SOLE À LA CERISE

2 belles soles
Quelques brins d'estragon
300 g de cerises dénoyautées
1 vert de poireau
Sel, poivre
50 cl de fumet de poisson
10 cl de vin blanc moelleux
Fleur de sel de Guérande

Habiller les soles : laver, vider et lever les filets. Les inciser légèrement au couteau côté arêtes et réserver au frais.

Laver et hacher l'estragon et garder quelques brins pour la décoration. Hacher 100 g de cerises et mixer le reste. Blanchir le poireau détaillé en lanières.

Confectionner les paupiettes : étaler les filets de sole. Les aplatir légèrement avec une batte pour les élargir. Étaler un peu de cerises et d'estragon hachés sur les filets. Assaisonner et rouler les filets puis les ficeler avec les lanières de poireau blanchies.

Dans un plat allant au four, mettre le fumet, les paupiettes de sole et couvrir d'un papier aluminium. Cuire à four chaud à 220 °C (thermostat 7/8) pendant 10 minutes.

Retirer les paupiettes. Verser le fumet dans une casserole et faire réduire de moitié puis ajouter le vin blanc et les cerises mixées. Faire réduire de nouveau.

Dresser sur assiettes un fond de sauce et 2 paupiettes. Décorer de brins d'estragon et de fleur de sel.

Servir avec une julienne de poireau sué au beurre.

PAUPIETTES DE SOLE EN PAPILLOTE, RATATOUILLE ET OLIVES NOIRES

8 filets de sole
8 olives noires
1 bouquet d'aneth, 1 citron vert
Pour la ratatouille
1 gros oignon
4 gousses d'ail
4 tomates, 2 courgettes
1 aubergine
1 poivron rouge, 1 poivron vert
10 cl d'huile d'olive
1 cuillerée à soupe de concentré de tomates
1 bouquet garni
Sel, poivre

Éplucher et ciseler l'oignon. Éplucher les gousses d'ail puis les fendre en deux en enlevant le germe. Monder, égrainer et couper en dés (2 cm) les tomates. Laver et couper en dés de 2 cm de côté les autres légumes.

Inciser légèrement au couteau les filets de sole, côté arêtes, puis les rouler (côté arêtes à l'intérieur) et les piquer avec un cure-dent. Réserver au frais.

Préparer la ratatouille : faire revenir à l'huile d'olive les légumes par ordre de cuisson : poivrons, aubergine, oignon, ail, tomates.

Mettre le concentré et le bouquet garni, assaisonner et faire mijoter 5 minutes.

Dans une feuille de papier aluminium, mettre un fond de ratatouille, 2 paupiettes de sole garnies chacune d'une olive. Refermer et cuire à four chaud à 200 °C (thermostat 6/7) pendant 10 minutes.

Servir la papillote et décorer de pluches d'aneth et de un quartier de citron vert.

PAVÉ DE THON
ET LÉGUMES CROQUANTS

1 pavé de thon de 600 g
4 carottes
4 petits oignons blancs
2 artichauts poivrades
12 asperges vertes
8 radis
Gros sel, poivre
Quelques feuilles de salade
Pour la vinaigrette
2 cuillerées à soupe d'huile
1 cuillérée à soupe de vinaigre
Quelques brins de ciboulette

Éplucher tous les légumes. Les passer sous l'eau froide puis les éponger. Fendre les radis et les oignons en deux. Tronçonner les carottes.

Cuire séparément à grande eau légèrement salée les carottes, les asperges et les artichauts en leur conservant un léger croquant. Bien égoutter et laisser refroidir. Fendre les artichauts en quatre et retirer le foin. Tronçonner les asperges vertes.

Mettre un filet d'huile dans un plat et faire cuire le pavé de thon saupoudré d'un peu de gros sel et de poivre à four chaud 240 °C (thermostat 8) de 10 à 15 minutes en le retournant à mi-cuisson.

Dresser le thon sur un plat de service avec les légumes autour et quelques feuilles de salade. Accompagner de vinaigrette.

PAVÉS DE CABILLAUD « CHOISY »

500 g de filet de cabillaud
8 grandes feuilles bien vertes de laitue
4 gousses d'ail
Sel, poivre
4 feuilles de sauge

Blanchir à l'eau bouillante légèrement salée les feuilles de laitue pendant 2 minutes. Les rafraîchir à l'eau glacée pour fixer la couleur verte et les mettre à égoutter sur un linge humide.

Tailler 4 pavés dans le poisson. Éplucher l'ail. Fendre chaque gousse et enlever le germe puis en piquer le poisson. Assaisonner.

Poser chaque pavé sur une feuille de laitue. Ajouter un brin de sauge puis finir d'emballer avec une seconde feuille de laitue. Faire cuire à la vapeur pendant 10 minutes.

PAVÉS DE SAUMON D'ÉCOSSE AUX HERBES ET ÉPICES

500 g de saumon frais découpé en 4 pavés
1 échalote
1 branche de romarin
1 cuillerée à café rase de cumin
1/2 cuillerée à café de piment
1 cuillerée à café de poivre blanc
1 branche de persil plat
2 branches de cerfeuil
Pour la sauce
2 échalotes
30 g de beurre
1 cuillerée à soupe de crème fleurette
20 cl de fumet de poisson
Sel, poivre du moulin

Hacher finement l'échalote et effeuiller le romarin.

Étaler sur le fond d'un plat l'échalote, la moitié du cumin, du piment et du poivre blanc. Ajouter le romarin effeuillé, le persil et le cerfeuil hachés. Poser les 4 pavés dans un plat, couvrir d'un film alimentaire et réserver au frais 2 heures. Retourner ensuite les pavés, côté chair, vers les épices et les remettre au frais.

Préparer la sauce : hacher les échalotes restantes et les faire revenir à feu doux dans 10 g de beurre. Ajouter le reste d'épices, mélanger et mouiller avec le fumet. Réduire à un tiers. Assaisonner, puis ajouter la crème et faire réduire pour épaissir la sauce.

Sortir le poisson du réfrigérateur 15 minutes avant sa cuisson.

Faire sauter les pavés de saumon. Assaisonner.

Réchauffer la sauce à feu doux, incorporer le restant de beurre.

Disposer sur les assiettes chaudes les pavés de saumon et napper de sauce. Décorer avec les herbes restantes.

PETITES TIMBALES DE CREVETTES*

500 g de crevettes
2 œufs
Crème fraîche
Noix de muscade
4 feuilles de laitue
Beurre
Sel, poivre
Pour la sauce
200 g de yaourt
Aneth
Sel, poivre

Blanchir les feuilles de salade en les plongeant dans l'eau bouillante, puis les utiliser pour chemiser quatre petits moules individuels beurrés, en laissant dépasser les feuilles des moules.

Ébouillanter les crevettes, les décortiquer et les mixer avec les blancs d'œufs, une pincée de noix de muscade, 2 cuillerées à soupe de crème fraîche, du sel et du poivre, jusqu'à obtenir une pâte homogène.

Remplir les moules de la préparation et recouvir d'une feuille de laitue.

Placer les moules sur la plaque du four à moitié remplie d'eau bouillante, enfourner à 180° et laisser cuire 20 minutes.

Pendant ce temps, préparer la sauce en mélangeant le yaourt à 2 cuillerées à soupe d'aneth ciselé, du sel et du poivre.

Démouler les timbales sur des assiettes individuelles et servir accompagné de sauce.

PICCATAS D'ESPADON ET BEIGNETS D'AUBERGINE

Couper des tranches d'espadon (2 à 3 petites par personne). Réserver au frais.

Laver et couper les aubergines en tranches fines dans le sens de la largeur. Laver et couper le poivron en quatre. Éplucher les carottes.

Faire revenir à feu doux les morceaux de poivron dans un peu d'huile d'olive. Cuire les carottes à l'eau bouillante 10 minutes puis les faire sauter à l'huile d'olive.

Faire réduire le fumet aux 2/3 puis crémer et laisser épaissir à feu doux. Assaisonner et réserver au chaud.

Confectionner la pâte à beignets : mélanger l'œuf, la farine et le lait. Tremper les tranches d'aubergines dans cette pâte et faire frire.

Faire sauter les tranches d'espadon dans l'huile d'olive. Assaisonner.

Dresser à l'assiette sur un fond de sauce les piccatas d'espadon, les tranches d'aubergines frites, les carottes et un morceau de poivron. Parsemer de brins de romarin et arroser d'un filet de citron.

1,5 kg d'espadon (côté queue)
600 g d'aubergines
1 poivron rouge
400 g de carottes jaunes
10 cl d'huile d'olive
40 cl de fumet de poisson
10 cl de crème fleurette
Sel, poivre
20 cl d'huile
1 citron
1 bouquet de romarin
Pour la pâte à beignets
40 g de farine
20 cl de lait
1 œuf

POÊLÉE DE CALAMARS AU CRESSON ET À L'AIL

1 kg de calamars
100 g de cresson
1 tête d'ail
1 tomate
1 filet d'huile d'olive
Sel, poivre

Préparer les calamars : retirer la tête et les viscères puis enlever la plume transparente du corps. Trancher les tentacules juste devant les yeux puis jeter le reste de la tête. Couper les nageoires triangulaires puis ôter la peau en tirant dessus (s'aider en passant les doigts dans du sel). Ôter le bec (partie dure au centre des tentacules). Rincer soigneusement l'ensemble sous l'eau froide.

Laver et trier le cresson. Éplucher et hacher l'ail (ne pas oublier d'enlever le germe).

Passer la tomate quelques secondes à l'eau bouillante puis dans de l'eau froide. La peler puis la couper en deux et la presser pour enlever les pépins. Laisser égoutter 1 heure dans une passoire. La tailler en dés.

Faire revenir les calamars émincés dans l'huile d'olive jusqu'à évaporation de leur eau, puis ajouter l'ail haché et les dés de tomate. Faire colorer à feu moyen. Assaisonner.

Dresser sur assiettes les calamars et les feuilles de cresson.

POÊLÉE DE GAMBAS À LA COMPOTE DE MANGUES

Préparer la compote de mangues : peler les mangues, enlever le noyau et détailler en quartiers. En réserver plusieurs pour la décoration.

Mixer le reste des mangues en purée lisse et mettre dans une petite casserole. Ajouter le gingembre, le jus de citron, quelques filaments de zeste et le sucre. Porter doucement à ébullition puis laisser frémir environ 5 minutes. Laisser refroidir.

Faire chauffer un filet d'huile dans une grande poêle et y faire sauter les gambas à feu vif quelques instants. Verser le gin et flamber aussitôt. Réserver au chaud.

Poêler rapidement dans une noisette de beurre les quartiers de mangue réservés pour la décoration.

Servir avec les gambas accompagnés de la compote de mangues.

16 grosses gambas
1 filet d'huile d'olive
1 trait de gin
1 noisette de beurre
Pour la compote de mangues
3 mangues bien mûres
de taille moyenne
2 cuillerées à soupe de gingembre râpé
1 citron vert non traité
75 g de sucre de canne

POÊLÉE DE LANGOUSTINES À L'HUILE DE PIMENT

20 langoustines de belle taille
2 gros poivrons rouges
20 cl d'huile d'olive
1 cuillerée à soupe de poudre de piment d'Espelette
Sel, poivre
200 g de salade frisée
Vinaigrette au vin vieux

Faire noircir toute la surface des poivrons sous le gril du four. Les emballer dans du papier aluminium et laisser refroidir de 10 à 15 minutes. Peler les poivrons, les épépiner et ôter les côtes intérieures. Tailler la chair en brunoise (en petits dés). Faire cuire dans l'huile à feu très doux pendant 1 heure avec la poudre de piment. Rectifier l'assaisonnement.

Décortiquer soigneusement les langoustines en conservant la nageoire caudale (pour la présentation, c'est plus esthétique). Poêler rapidement les langoustines à feu vif.

Les présenter sur fond de poivrons à l'huile de piment, accompagnées de salade assaisonnée de vinaigrette. Servir aussitôt.

POT-AU-FEU DE POISSON

200 g de filet de daurade
2 rougets
2 merlans
2 maquereaux
200 g de congre
2 oignons blancs piquetés de girofle
4 oignons rouges
4 gousses d'ail
8 petites carottes
8 petits navets
2 petites courgettes
2 branches de céleri
Sel, poivre
Harissa

Couper tous les poissons en 4 morceaux chacun.

Laver et éplucher les oignons rouges puis les mettre dans une casserole d'eau bouillante avec les oignons piquetés de girofle et l'ail non épluché. Maintenir à petite ébullition pendant 10 minutes.

Éplucher les carottes, les navets. Couper les courgettes en gros morceaux. Couper les branches de céleri en tronçons.

Commencer à cuire les navets à l'eau bouillante avec une pincée de sel. Puis, au bout de 5 minutes, ajouter les carottes et le céleri. En fin de cuisson, y joindre les courgettes.

Ajouter les oignons et l'ail déjà cuits.

Rectifier l'assaisonnement. Délayer une pointe de harissa.

Égoutter tous les légumes et les réserver au chaud.

Remettre le bouillon des légumes à chauffer et y pocher les morceaux de poisson. Cuire quelques minutes puis égoutter.

Dresser sur les légumes dans un plat de service et servir aussitôt avec une mayonnaise aillée.

PRAIRES FARCIES À LA POMME ET AU CURRY

1,2 kg de praires
400 g de pommes golden
1 citron
25 g de beurre
10 cl de crème fleurette
1 cuillerée à soupe de curry
Sel, poivre
50 g de chapelure

Laver et faire ouvrir les praires à l'eau façon marinière. Enlever les coquilles supérieures.

Laver, éplucher et tailler les pommes en petits dés. Les citronner. Les faire sauter au beurre puis les crémer et ajouter le curry. Assaisonner.

Farcir les praires avec les pommes, couvrir de chapelure et faire gratiner au four.

Servir aussitôt.

PRAIRES FARCIES AUX PETITS POIS

2 kg de prairés
1 kg de petits pois
20 cl de vin blanc
50 g d'échalotes
100 g de chapelure
Sel, poivre

Laver les praires et les faire ouvrir pendant 10 minutes dans un peu d'eau.

Écosser les petits pois. Les faire cuire 20 minutes avec le vin blanc et les échalotes ciselées.

Préparer les praires : décoquiller la partie supérieure et remplir les praires de petits pois. Assaisonner. Les saupoudrer de chapelure et les passer sous le gril du four à 250 °C (thermostat 8/9) pendant 5 à 10 minutes.

Servir aussitôt.

PRESSÉE DE SOLES ET POIVRONS

800 g de filets de sole
2 poivrons rouges
2 courgettes
20 cl d'huile d'olive
1 baguette de pain
Sel, poivre
Pour la tapenade
10 g de câpres
200 g d'olives noires
4 filets d'anchois

Faire griller les poivrons au four (sous le gril supérieur).

Laver et couper les courgettes en tranches fines dans le sens de la longueur. Les blanchir 2 minutes dans de l'eau bouillante salée. Égoutter et réserver.

Éplucher les poivrons et les détailler en lanières de 5 cm de largeur.

Monter la terrine : dans une terrine badigeonnée d'huile d'olive, alterner des lanières de courgette, assaisonner, des lanières de poivron et des filets de sole, assaisonner. Répéter l'opération autant que nécessaire. Presser bien pour tasser. Cuire à four moyen à 140 °C (thermostat 4/5) dans un bain-marie pendant 40 minutes.

Confectionner la tapenade : hacher les câpres, les olives et les filets d'anchois puis monter à l'huile d'olive.

Faire les croûtons : détailler la baguette en tranches puis les badigeonner d'huile d'olive et les faire gratiner.

Dresser à l'assiette 2 tranches de terrine accompagnées de croûtons recouverts de tapenade.

QUEUES DE LANGOUSTES EN POT-AU-FEU, SAUCE AU SAFRAN

4 queues de langoustes cuites
8 petites carottes
8 petits navets
2 poireaux
1 botte de petits oignons blancs
1 l de fumet de poisson
Aneth
Baies roses
Pour la sauce au safran
1 pincée de safran
75 g de beurre
1 œuf
Sel, poivre

Laver et éplucher les carottes puis les fendre en deux. Laver et éplucher les navets. Nettoyer les poireaux puis les effiler. Enlever l'excédent de vert des oignons et les fendre en deux.

Dans un faitout, verser le fumet de poisson. Ajouter les carottes, les poireaux, les navets et les oignons. Amener à ébullition et poursuivre jusqu'à cuisson des légumes.

Égoutter les légumes, les dresser sur un plat de service et réserver au chaud.

Préparer la sauce au safran : prélever 2 louches de bouillon et faire réduire fortement dans une petite casserole. Ajouter le safran puis le beurre petit à petit en fouettant. Lier avec un jaune d'œuf. Rectifier l'assaisonnement puis maintenir au chaud.

Extraire la chair des queues de langoustes et la réchauffer quelques instants dans le restant du bouillon. Dresser avec les légumes.

Napper de sauce au safran et parsemer d'aneth et de baies roses.

QUICHE À LA MARINIÈRE

Étaler la pâte feuilletée et en foncer une tourtière. Piquer le fond avec une fourchette puis recouvrir de papier sulfurisé et garnir de haricots secs. Cuire 15 minutes au four à 200 °C (thermostat 6/7).

Émincer l'oignon finement et mettre à blondir avec un peu de beurre dans une poêle. Y passer rapidement les moules décoquillées. Retirer du feu puis ajouter la crème, quelques brins de persil ciselés, le curry et les œufs battus. Assaisonner.

Enlever les haricots secs du fond de tarte et la feuille de papier sulfurisé. Y verser la garniture aux moules. Enfourner et cuire de 8 à 10 minutes à 240 °C (thermostat 8).

Servir une salade de cresson en accompagnement.

400 g de moules cuites et décoquillées
250 g de pâte feuilletée
Quelques haricots secs
1 petit oignon
1 noisette de beurre
25 cl de crème fraîche
Quelques brins de persil
1 cuillerée à soupe de curry
2 œufs
Sel, poivre

QUICHE AU HADDOCK ET AUX CREVETTES

200 g de haddock
250 g de crevettes cuites
250 g de pâte feuilletée
Quelques haricots secs
1/2 l de lait
1 petit oignon
1 noisette de beurre
25 cl de crème fraîche
Quelques brins de persil
1 trait de sauce Worcester
2 œufs
Sel, poivre

Étaler la pâte feuilletée et en foncer une tourtière. Piquer le fond avec une fourchette puis recouvrir de papier sulfurisé et garnir de haricots secs. Cuire 15 minutes au four à 200 °C (thermostat 6/7).

Pendant ce temps, enlever la peau du haddock et couper le filet en morceaux de 1 à 2 cm de large. Placer dans une casserole et y verser le lait. Compléter au besoin avec un peu d'eau puis amener à frémissement doux. Faire pocher ainsi (sans bouillir) pendant 5 minutes. Bien égoutter.

Émincer l'oignon finement et mettre à blondir avec un peu de beurre dans une poêle. Y passer rapidement les crevettes décortiquées. Retirer du feu puis ajouter la crème, quelques brins de persil ciselés, la sauce Worcester, les œufs battus et le haddock. Assaisonner.

Enlever les haricots secs du fond de tarte et la feuille de papier sulfurisé. Y verser la garniture de crevettes et de haddock. Enfourner et cuire de 8 à 10 minutes à 240 °C (thermostat 8).

Servir une salade en accompagnement.

RAVIOLES AUX FRUITS DE MER

250 g de moules de bouchot
100 g de noix de pétoncle
1 petit oignon
25 g de beurre
4 cuillerées à soupe de persil plat
1 cuillerée à soupe de ricotta
Sel, poivre
3 cuillerées à soupe de crème épaisse
1 pincée de safran
Pour les ravioles
300 g de farine
4 œufs
1 pincée de sel

Préparer les ravioles : sur une surface plane, mettre la farine en dôme puis creuser un puits au centre. Y mettre une pincée de sel et 3 œufs. Incorporer délicatement les œufs à la farine avec une fourchette puis pétrir à la main en rajoutant éventuellement un peu de farine ou d'eau jusqu'à obtenir une pâte bien lisse et élastique. Former une boule et l'envelopper dans un linge humide. Laisser reposer 30 minutes.

Nettoyer les moules et les faire ouvrir à feu vif dans une sauteuse. Les égoutter puis les décoquiller. Filtrer le jus et le réserver.

Dans une casserole, faire fondre le beurre puis y faire revenir l'oignon émincé finement. Faire ensuite revenir rapidement les noix de pétoncle. Y ajouter les moules et le persil plat ciselé. Assaisonner puis hacher grossièrement la préparation avant d'y incorporer 1 cuillerée à soupe de ricotta.

Découper dans la pâte des cercles d'environ 5 cm de diamètre avec un emporte-pièce. Couvrir avec un linge humide pour limiter le dessèchement.

Prendre les cercles un par un et en badigeonner les bords avec de l'œuf restant battu. Déposer au centre un peu de farce puis poser un second cercle en guise de couvercle et souder les bords en pressant légèrement pour faire adhérer la jointure. Denteler les bords à l'aide d'une roulette.

Les entreposer à plat sur le plan de travail, côte à côte, sans les superposer, et les saupoudrer légèrement de farine.

Les faire cuire dans un grand volume d'eau bouillante légèrement salée pendant 3 à 4 minutes.

Pendant ce temps, porter le jus de cuisson des moules à ébullition et faire réduire de moitié. Incorporer 3 cuillerées à soupe de crème fraîche et le safran puis donner un bouillon pour épaissir. Rectifier l'assaisonnement.

Égoutter les ravioles puis les disposer au centre des assiettes de service et napper de sauce.

RILLETTES DE SAUMON

Éplucher et ciseler très finement l'échalote. Laver et hacher l'aneth (garder quelques brins pour la décoration).

Travailler le beurre en pommade.

Hacher le saumon.

Mélanger le saumon haché avec le beurre en pommade, l'échalote ciselée, l'aneth haché et le jus de citron. Assaisonner et réserver au frais.

Laver la laitue et prendre les petites feuilles.

Dresser dans les feuilles de laitue un peu de rillettes de saumon, un morceau de saumon fumé et décorer d'un brin d'aneth et d'œufs de saumon.

400 g de saumon
1 échalote
1 botte d'aneth
200 g de beurre
1 citron
Sel, poivre
Pour la décoration
1 laitue
50 g d'œufs de saumon
2 tranches de saumon fumé

RIZ AUX CREVETTES ET AUX FRUITS*

Faire cuire le riz dans une grande quantité d'eau salée dans laquelle vous aurez jeté une cuillerée à café de curcuma, l'égoutter et le mettre dans un plat.

Ébouillanter les crevettes dans un peu d'eau salée. Rincer et égoutter le maïs.

Peler la mangue et les pêches et les couper en dés avec l'ananas et les abricots.

Mélanger avec le riz et ajouter le piment haché.

Saler et arroser du jus d'une demi-orange monté en émulsion avec 4 cuillerées à soupe d'huile.

Compléter avec les quartiers d'orange pelée et des feuilles de menthe. Servir frais.

150 g de riz
150 g de grosses crevettes décortiquées
150 g de chair d'ananas
100 g de maïs en boîte
4 abricots
2 pêches
1 mangue
2 oranges
Curcuma
Piment
Menthe
Huile de maïs
Sel

Le conseil du chef

Si vous n'avez pas de curcuma, vous pouvez mélanger le riz égoutté avec du safran.

ROUGETS GRILLÉS AU LARD

Habiller les rougets : les écailler, les vider et les laver puis éponger.

Les entourer de feuilles de sauge et de poitrine fumée. Badigeonner d'huile d'olive et faire griller au gril très chaud et huilé (7 minutes de chaque côté).

Cette recette peut se servir avec un gratin provençal (tomates, courgettes, pommes de terre à la persillade).

4 rougets
Quelques feuilles de sauge
4 tranches de poitrine fumée
5 cl d'huile d'olive

ROULEAUX DE FILETS DE SOLE AU FOUR

8 filets de sole
200 g de champignons de Paris
1 oignon
1 filet d'huile d'olive
Sel, poivre
1 branche de thym
1 feuille de laurier
Baies roses
1/2 verre de vin blanc sec
400 g de tagliatelles
1 branche d'estragon

Laver, éponger puis couper en lamelles les champignons de Paris.

Émincer l'oignon.

Faire chauffer un filet d'huile dans une poêle et y faire sauter l'oignon et les champignons.

Dans un plat à feu, disposer les filets de sole roulés sur eux-mêmes et maintenus par une pique en bois. Les assaisonner. Ajouter les champignons et l'oignon revenus, le thym, le laurier, quelques baies roses. Puis mouiller avec le vin blanc.

Cuire au four pendant 7 à 8 minutes à 240 °C (thermostat 8).

Faire bouillir un grand volume d'eau légèrement salée et y cuire les tagliatelles. Bien les égoutter puis les graisser avec un filet d'huile d'olive.

Dresser sur le plat de service les tagliatelles et le poisson avec les champignons et un peu d'estragon. Servir chaud avec le jus de cuisson réduit du poisson.

SAINT-JACQUES CHAMPENOISES EN PAPILLOTE

4 coquilles Saint-Jacques
4 jaunes d'œufs
1 citron vert
1 cuillerée à soupe de persil plat ciselé
1 cuillerée à soupe de fine Champagne
Sel, poivre vert
10 g de beurre
(ou 1 filet d'huile d'olive)

Ouvrir les Saint-Jacques et en extraire la noix et le corail. Ôter les couvercles.

Bien les nettoyer et les rincer.

Disposer chaque coquille sur un grand carré de papier aluminium et y replacer une noix avec son corail plus un jaune d'œuf (en faisant attention de ne pas le crever).

Prélever le zeste du citron et tailler de longs filaments.

Mélanger le persil ciselé, le jus de citron et la fine Champagne avec une pincée de sel. En arroser généreusement les coquilles. Ajouter une pincée de poivre vert moulu, une noisette de beurre (ou un léger filet d'huile) et quelques filaments de zeste de citron.

Fermer les papillotes et enfourner 10 minutes à 180 °C (thermostat 6).

Servir sans attendre.

SAINT-JACQUES EN COQUILLE

4 belles coquilles Saint-Jacques
Quelques brins de ciboulette
1 branche de cerfeuil
1 grosse échalote
2 grosses cuillerées à soupe de crème
1 cuillerée à soupe de vermouth
Sel, poivre
25 g de beurre
1 carotte
1 petite courgette
Baies roses

Hacher la ciboulette. Ciseler le cerfeuil. Émincer finement l'échalote. Mélanger le tout avec la crème et le vermouth. Assaisonner.

Ouvrir et nettoyer les Saint-Jacques. Jeter les couvercles mais conserver les coquilles inférieures. Passer les noix au beurre 2 minutes. Assaisonner.

Détailler la carotte et la courgette en longs filaments.

Préparer 4 grands carrés dans du papier sulfurisé beurré ou légèrement huilé. Y disposer une coquille. Mettre à l'intérieur un peu de carotte, de courgette et de crème aux herbes et disposer une noix de Saint-Jacques avec son corail. Ajouter quelques baies roses puis refermer la papillote.

Cuire à four chaud 200 °C (thermostat 6/7) pendant 10 minutes.

SAINT-JACQUES EN HABIT VERT

12 coquilles Saint-Jacques
400 g de champignons en mélange
50 g de beurre
1 grosse échalote
1 grosse cuillerée à soupe de crème épaisse
Sel, poivre
12 belles feuilles de laitue bien vertes

Nettoyer les champignons et les hacher. Les faire cuire dans 25 g de beurre avec l'échalote ciselée finement puis ajouter la crème. Assaisonner.

Pendant ce temps, blanchir les feuilles de laitue 3 minutes à l'eau bouillante légèrement salée. Les refroidir dans l'eau glacée pour fixer la couleur verte et mettre à égoutter.

Ouvrir puis nettoyer les Saint-Jacques. Bien les rincer puis les éponger avec du papier absorbant. Les passer au beurre dans une poêle à feu vif 1 minute.

Étaler les feuilles de laitue et garnir chacune avec une Saint-Jacques et un peu de champignons. Assaisonner puis refermer chaque papillote de salade.

Passer au four pendant 4 à 5 minutes à 180 °C (thermostat 6).

SAINT-JACQUES FLAMBÉES AU CALVADOS

12 belles coquilles Saint-Jacques
1 filet d'huile
1 grosse noisette de beurre
1 trait de calvados
Sel, poivre

Ouvrir et nettoyer soigneusement les Saint-Jacques. Bien les rincer sous l'eau froide puis les éponger.

Couper les noix en deux dans le sens de l'épaisseur.

Faire chauffer un filet d'huile et une grosse noix de beurre dans une poêle. Y colorer à feu vif les Saint-Jacques pendant 2 minutes.

Mouiller d'un trait de calvados et flamber. Assaisonner.

Servir aussitôt.

SAINT-PIERRE EN CROÛTE

800 g de filets de saint-pierre
1 petit poireau
400 g de pâte feuilletée
Aneth
Thym
1 citron non traité
4 cuillerées à soupe de crème fraîche
2 œufs
Sel, poivre
1 noisette de beurre

Détailler les filets de saint-pierre en petits morceaux. Effiler le poireau et le blanchir quelques minutes à l'eau bouillante. Rafraîchir puis bien égoutter. En réserver un quart.

Étaler la pâte feuilletée sur du papier sulfurisé et y découper 2 formes égales. Tailler les éléments de décoration dans les chutes de pâte.

Préchauffer le four à 200 °C (thermostat 6/7).

Déposer une feuille de papier sulfurisé sur la plaque du four et la graisser légèrement. Y disposer une des formes. En garnir le centre avec les morceaux de saint-pierre et le poireau effilé. Parsemer d'aneth, de thym et de zeste de citron. Battre la crème avec le jus de citron et 1 œuf puis répartir sur le poisson. Saler et poivrer avec modération.

Humecter légèrement les bords puis couvrir avec la seconde forme en pressant délicatement pour faire adhérer à la jointure. Coller selon le même procédé les divers éléments décoratifs.

À l'aide d'un pinceau, badigeonner l'ensemble avec le jaune d'œuf restant battu.

Cuire 30 minutes.

Servir tiède, parsemé du poireau réservé passé quelques instants au beurre dans une poêle.

SALADE DE CREVETTES ET DE SAINT-JACQUES AU POIVRE*

8 coquilles Saint-Jacques
16 grosses crevettes déjà décortiquées
Vin blanc
1 bouquet d'herbes aromatiques
(aneth, persil, thym)
Huile
3 concombres
1 petit oignon nouveau
16 radis ronds
Aneth, sel, poivre
pour la sauce
200 g de yaourt
Huile d'olive
Vinaigre
Sucre
Poivre rose en grains
Poivre vert en grains
Sel

Préparer la sauce en agitant dans un petit récipient fermé le yaourt mélangé à 4 cuillerées à soupe d'huile, 1 cuillerée à café de vinaigre, 1 cuillerée à café de sucre, une pincée de sel et une dizaine de grains de poivre rose et de poivre vert.

Nettoyer les Saint-Jacques et les crevettes, les faire sauter à la poêle dans un peu d'huile, mouiller d'un verre de vin et ajouter le bouquet d'aromates. Saler, poivrer et laisser cuire quelques minutes.

Couper le petit oignon en rondelles. Creuser le concombre à l'aide d'une cuillère parisienne pour former des boules.

Mettre les crevettes et les Saint-Jacques sur un plat de service, garnir de boules de concombres, de rondelles d'oignon, d'aneth et de radis.

Napper de sauce et servir.

SALADE DE CREVETTES, SOJA ET CHAMPIGNONS*

6 grosses crevettes
100 g de champignons de Paris
150 g de germes de soja
1 citron
Huile d'olive
Pour la sauce
200 g de yaourt
Huile d'olive
Sauce de soja
Ketchup
Sel, poivre

Ébouillanter les crevettes, les décortiquer et les faire revenir rapidement à la poêle. Laisser refroidir.

Nettoyer les champignons, les émincer et les arroser de jus de citron.

Laver les germes de soja et les ajouter aux champignons de Paris et aux crevettes.

Préparer la sauce en mélangeant au yaourt 2 cuillerées à soupe d'huile, 2 cuillerées à soupe de sauce de soja, 1 cuillerée à café de ketchup, du sel et du poivre.

Assaisonner la salade avec la sauce et mettre au réfrigérateur jusqu'au moment de servir.

SALADE DE HADDOCK AUX LENTILLES VERTES

Détailler le haddock en médaillons.

Laver, éplucher et tailler les carottes en brunoise (petits dés). Laver et émincer le céleri.

Faire revenir dans le beurre les carottes et le céleri. Ajouter les lentilles, le laurier et le clou de girofle, mouiller à l'eau, assaisonner et cuire 30 minutes. Laisser refroidir. Retirer le laurier et le clou de girofle.

Pocher le haddock dans l'eau frissonnante (10 minutes). Égoutter. Laisser refroidir.

Dans une assiette, mettre les lentilles, les morceaux de haddock, assaisonner de vinaigrette. Décorer selon son choix.

400 g de filet de haddock
100 g de carottes
1 branche de céleri
20 g de beurre
250 g de lentilles vertes du Puy
3 feuilles de laurier
1 clou de girofle
Sel, poivre

Pour la vinaigrette

1 cuillerée à soupe de vinaigre de vin blanc
2 cuillerées à soupe d'huile
Sel, poivre

SALADE DE HADDOCK ET ASPERGES VERTES

600 g de filet de haddock
1/2 l de lait
1 botte d'asperges vertes
Quelques feuilles de salade frisée
1 citron non traité
Pour la vinaigrette
Huile d'olive
1 citron
Aneth
Baies roses
Sel, poivre

Enlever la peau du haddock et couper le filet en morceaux de 1 à 2 cm de large. Les placer dans une casserole et y verser le lait. Compléter au besoin avec un peu d'eau puis amener à frémissement doux. Faire pocher ainsi (sans bouillir) pendant 5 minutes. Bien égoutter et laisser refroidir.

Nettoyer et faire cuire les asperges. Laisser refroidir.

Dresser sur chaque assiette une portion de haddock, quelques asperges, de la salade frisée, quelques rondelles de citron. Accompagner d'une vinaigrette à base d'huile d'olive, de jus de citron, d'aneth, de baies roses, de sel et de poivre.

SALADE DE HOMARD À L'ORANGE*

1 homard de 1 kg
700 g de pommes de terre nouvelles
200 g de tomates-cerises
4 artichauts
1 cœur de salade
1 citron
1 orange
Estragon
Huile d'olive
Beurre
Sel, poivre

Faire cuire le homard à l'eau, l'égoutter et le réserver. Faire cuire les pommes de terre à l'eau et les peler. Nettoyer les artichauts, éliminer les feuilles les plus dures puis les tremper dans une eau citronnée avant de les faire cuire à l'eau et les couper en quartiers.

Laver et essuyer les tomates et la salade.

Décortiquer le homard et couper la chair en petits morceaux.

Sur un plat de service, dresser la salade, les tomates coupées en morceaux, les pommes de terre, les artichauts et la chair de homard.

Parsemer d'estragon ciselé.

Faire chauffer le jus d'orange dans une casserole, puis ôter du feu et y ajouter le beurre en battant au fouet. Saler, poivrer.

Servir la salade accompagnée de sa sauce.

SALADE DE HOMARD AU CÉLERI

2 homards
200 g de Saint-Jacques
1 l de coques
8 crevettes roses décortiquées
1 céleri-rave
1 échalote
1 jus de citron
Sel, poivre du moulin
1 bol de mayonnaise
Quelques brins de persil
Quelques brins de cerfeuil

La veille, faire dégorger les coques à l'eau froide salée.

Faire cuire les homards dans de l'eau bouillante salée pendant 10 minutes puis les égoutter.

Éplucher et râper le céleri-rave. Éplucher et ciseler l'échalote.

Dans un bol, faire mariner pendant 1 heure les Saint-Jacques, les crevettes, le céleri et l'échalote avec le jus de citron. Saler et poivrer.

Pendant ce temps, faire ouvrir les coques sur feu vif avec un peu d'eau. Les décortiquer et réserver. Décortiquer les homards et les tronçonner.

Dresser à l'assiette les médaillons de homard, les coques, la marinade, la mayonnaise et décorer de pluches de persil et de cerfeuil.

SALADE DE LOTTE AU MELON

1,2 kg de lotte
1 gros melon
200 g d'endives
2 citrons
50 g de beurre
Sel, poivre
10 cl de vin blanc moelleux
10 cl d'huile d'olive
1 botte de ciboulette

Préparer la lotte : l'éplucher et la tronçonner en médaillons. Réserver au frais.

Vider et couper le melon en tranches (sans la peau).

Laver et émincer les endives. Les citronner.

Poêler la lotte et les tranches de melon dans le beurre. Assaisonner et réserver au chaud.

Déglacer la poêle au vin blanc.

Dresser à l'assiette les médaillons de lotte et les tranches de melon nappés de réduction de vin blanc. Accompagner d'endives arrosées d'huile d'olive et décorer de pointes de ciboulette.

SALADE DE SAINT-JACQUES À L'ORANGE

8 belles noix de Saint-Jacques fraîches
1 orange et 1 citron non traités
1 filet d'huile d'olive
1 cuillerée à soupe de curaçao
Assortiment de salades vertes
Sel, poivre

Bien rincer et éponger les noix de Saint-Jacques fraîches. Les détailler en tranches fines sur une grande assiette. Les arroser avec le jus du citron, un filet d'huile et 1 cuillerée à soupe de curaçao. Saupoudrer avec un peu de zeste d'orange. Assaisonner. Couvrir d'un film alimentaire et laisser reposer au frais 30 minutes.

Disposer sur assiettes, avec quelques quartiers d'orange pelée à vif, un petit assortiment de salades vertes (mâche, laitue, frisée, feuilles de chêne…). Parsemer de quelques filaments de zeste.

Servir avec la marinade en saucière allongée d'un peu d'huile.

SALADE DE SAUMON FUMÉ

Préparer les légumes et les fruits : équeuter et laver les haricots verts. Laver et émincer le fenouil. Éplucher et ciseler l'oignon. Laver et hacher l'estragon. Égrainer le melon et faire des boules à la cuillère à pomme parisienne.

Cuire le riz à l'eau bouillante salée puis le refroidir et l'égoutter. Faire de même avec les haricots verts.

Mélanger le riz, le fenouil, l'oignon, l'estragon, le melon et les haricots verts. Assaisonner avec sel, poivre, huile d'olive et jus de citron.

Dresser à l'assiette la salade de riz décorée de deux demi-tranches de saumon fumé.

4 tranches de saumon fumé
80 g de haricots verts
2 branches de fenouil
1 gros oignon
1 botte d'estragon
1 petit melon
200 g de riz
1 citron
10 cl d'huile d'olive
Sel, poivre

SALADE DU MATELOT*

Mettre les fruits de mer à dégorger dans de l'eau salée et laisser tremper 2 heures.

Frotter les croûtons de pain à l'ail puis les arroser d'eau et de vinaigre.

Faire tremper la mie des 2 tranches de pain dans du vinaigre.

Faire cuire la langouste, ôter la chair et la couper en petits morceaux ; assaisonner d'huile, de citron et de sel.

Faire cuire les crevettes. Faire ouvrir les fruits de mer dans une poêle à feu vif.

Faire cuire ensemble, à l'eau, le chou-fleur, le céleri et les carottes. Égoutter, couper en petits morceaux et assaisonner d'huile, de citron et de sel.

À part, faire cuire à l'eau les artichauts coupés en quartiers puis les assaisonner.

Faire cuire les œufs durs et les couper en quartiers. Mixer les anchois avec une gousse d'ail, les pignons, les câpres, 2 œufs durs, la mie de pain émiettée, une dizaine d'olives dénoyautées, 5 cuillerées à soupe d'huile, du sel et du poivre.

Dresser les croûtons sur un plat de service, puis garnir avec tous les autres ingrédients.

Servir accompagné de la sauce.

20 moules
20 coques
12 crevettes
6 noix de pétoncles
6 œufs
4 artichauts
2 anchois
2 carottes
2 gousses d'ail
2 grosses tranches de pain rassis
1 petite langouste ou homard
1 petit chou-fleur
1 citron
1 côte de céleri
50 g de pignons de pin
Persil, olives, câpres
Huile d'olive
Vinaigre, sel, poivre
Croûtons de pain

SALADE FRAÎCHE AUX LANGUETTES DE LOTTE

Tailler de fines languettes dans la queue de lotte et faire mariner dans le jus de citron additionné d'une pincée de sel et d'un filet d'huile d'olive. Couvrir avec un film alimentaire et laisser reposer une nuit au réfrigérateur.

Laver et nettoyer les diverses salades. Émincer finement le bulbe de fenouil.

Sur les assiettes de service, disposer un assortiment de feuilles de salade, quelques rondelles de radis et du fenouil. Ajouter les languettes de lotte et parsemer d'œufs de poissons.

Servir la marinade en saucière allongée d'huile et d'une pointe de moutarde.

1 queue de lotte
2 citrons verts non traités
Sel
Huile d'olive
1 chicorée frisée
1 scarole
Quelques feuilles de mâche
1 poignée de germes de soja
1 petit bulbe de fenouil
5 radis
1 cuillerée à soupe d'œufs de saumon ou de truite
1 cuillerée à soupe d'œufs de lump rouges et noirs
Moutarde

SANDRE AU SABAYON DE CÉLERI

600 g de sandre
1 céleri branche
25 cl de crème épaisse
Sel, poivre
2 gousses d'ail
3 feuilles de laurier
6 jaunes d'œufs
Baies roses

Laver le céleri branche et le détailler en petits morceaux. Conserver les feuilles entières.

Faire cuire l'ensemble à l'eau légèrement salée. Retirer les feuilles au bout de quelques minutes et les passer au mixeur avec la crème. Assaisonner. Continuer la cuisson des côtes de céleri puis égoutter et réserver au chaud.

Couper le sandre en 4 morceaux. Saler et poivrer.

Dans le haut d'un couscoussier, disposer le poisson avec les feuilles de laurier et les gousses d'ail fendues en deux. Mettre de l'eau dans la partie inférieure et cuire à la vapeur à couvert pendant 8 à 10 minutes environ. Il est également possible d'utiliser un wok ou une grande casserole et une marguerite. Réserver au chaud.

Sur feu doux, fouetter les jaunes d'œufs et la crème au céleri jusqu'à consistance d'une pommade.

Dresser le poisson et le céleri sur les assiettes et napper de sabayon de céleri. Parsemer de quelques baies roses et servir aussitôt.

SARDINES FARCIES AU BROCCIO

16 sardines
300 g de feuilles de blettes
4 brins de persil
200 g de broccio
1 œuf
1 gousse d'ail
Sel, poivre du moulin
10 cl d'huile d'olive

Vider et écailler les sardines. Couper les têtes et enlever l'arête dorsale sans séparer les filets. Les rincer sous l'eau froide, puis égoutter.

Laver les feuilles de blettes et les faire blanchir 5 minutes dans de l'eau bouillante salée. Les rafraîchir, les égoutter et les hacher grossièrement. Hacher le persil.

Dans un bol, mélanger le broccio avec l'œuf, l'ail, le persil haché, les blettes, du sel et du poivre.

Préchauffer le four à 210 °C (thermostat 7). Farcir l'intérieur des sardines avec la préparation au broccio puis enrouler les sardines sur elles-mêmes de la tête à la queue et les disposer dans un plat allant au four.

Badigeonner d'huile d'olive et les enfourner pendant 40 minutes.

SAUMON GRILLÉ À L'OSEILLE

4 darnes de saumon
1 citron
1 filet d'huile d'olive
Thym
Sel, poivre
1 noix de beurre
1 échalote
Une vingtaine de feuilles d'oseille
Persil

Disposer les darnes de saumon dans un plat légèrement creux. Les arroser avec le jus du citron et un filet d'huile. Saupoudrer d'un peu de thym. Saler et poivrer. Couvrir d'un film alimentaire. Laisser reposer au réfrigérateur 30 minutes.

Chauffer le gril et cuire les darnes de saumon de 3 à 4 minutes par face.

Pendant ce temps, dans une poêle, mettre une noix de beurre et y faire revenir l'échalote quelques minutes à feu doux. Ajouter les feuilles d'oseille et les remuer rapidement à feu vif sans toutefois les faire fondre.

Disposer le poisson dans les assiettes. Y joindre l'oseille poêlée. Parsemer de persil ciselé et accompagner de riz sauvage.

SOLE À LA CRÈME DE SÉSAME

Préparer la crème de sésame : verser le vinaigre dans une petite casserole et le faire chauffer jusqu'à évaporation. Laisser tiédir le récipient puis ajouter les jaunes d'œufs et le beurre sur feu doux en battant avec un fouet.

Ajouter ensuite la crème en continuant de battre. Assaisonner et réserver au chaud au bain-marie.

Dans une poêle, faire dorer à sec les graines de sésame puis les incorporer à la sauce.

Dans un cuit-vapeur, faire bouillir 1 litre d'eau puis y ajouter un trait de pastis. Disposer les filets de sole dans le panier supérieur et laisser cuire de 4 à 5 minutes à couvert.

Disposer le poisson sur les assiettes avec des haricots verts cuits à la vapeur et napper de sauce.

4 filets de sole
Pastis
Pour la crème de sésame
1 cuillerée à soupe de vinaigre de cidre
2 jaunes d'œufs
25 g de beurre
25 cl de crème fraîche
Sel, poivre
2 cuillerées à soupe de graines de sésame

SOUFFLÉ À LA BISQUE DE HOMARD

Préparer une béchamel : mettre à fondre le beurre, y ajouter la farine et bien mélanger. Laisser mousser le mélange à feu doux puis ajouter le lait chaud, la muscade et la bisque. Mélanger au fouet jusqu'à épaississement. Retirer du feu et laisser tiédir avant d'incorporer soigneusement les jaunes d'œufs un par un puis le gruyère râpé et le cognac.

Battre les blancs en neige très ferme puis incorporer délicatement à l'appareil précédent. Assaisonner. Verser dans un moule à soufflé préalablement beurré et légèrement fariné.

Mettre à cuire la préparation 20 minutes au four traditionnel à 180 °C (thermostat 6) après l'avoir d'abord passée 5 minutes sous le gril du four (cela favorise une montée homogène du soufflé).

Se garder d'ouvrir le four en cours de cuisson et servir immédiatement. C'est un plat qui n'attend pas les convives !

300 g de bisque de homard
40 g de beurre demi-sel
3 cuillerées à soupe de farine
15 cl de lait
6 œufs
100 g de gruyère râpé
1 trait de cognac
Sel, poivre
1 pointe de muscade

SOUPE D'HUÎTRES À L'ANCIENNE

Nettoyer les champignons, les émincer et les citronner. Émincer finement la carotte et les blancs de poireaux.

Faire suer les légumes dans l'huile d'olive. Les couvrir et laisser cuire à feu doux.

Pendant la cuisson, ouvrir les huîtres et récupérer leur eau. Mettre 3 huîtres dans chaque assiette.

Prélever la valeur d'une tasse à thé de légumes. Passer le reste des légumes et des huîtres au mixeur.

Mettre dans la casserole les légumes prélevés, les coques sans leurs coquilles, le fumet et l'eau filtrée des huîtres et cuire à feu doux.

Faire pocher les œufs dans de l'eau vinaigrée. Les égoutter et les déposer dans les assiettes. Additionner de crème fleurette, de muscade et de poivre concassé.

Enfin, verser le jus de cuisson dans les assiettes et parsemer de pluches de cerfeuil.

2 douzaines d'huîtres
4 champignons de Paris
1 citron
1 carotte
2 blancs de poireaux
3 cl d'huile d'olive
40 cl de fumet de poisson
1 poignée de coques cuites
4 œufs
2 cuillerées à soupe de crème fleurette
1 pointe de muscade
2 branches de cerfeuil
Sel, poivre du moulin

SOUPE DE CRABES*

800 g de crabes
300 g de tomates pelées
2 gousses d'ail
1 piment
Persil plat
Aneth
Sel

Laver les crabes et les égoutter.

Dans une casserole, faire revenir l'ail émincé avec un bouquet de persil.

Ajouter les tomates, un peu de sel, le piment et 1 verre d'eau.

Porter à ébullition et ajouter les crabes. Faire cuire une vingtaine de minutes à feu doux, avec un couvercle.

Parsemer de persil et d'aneth ciselés.

Servir bien chaud.

SOUPE DE CRABES VERTS

2 kg de petits crabes verts
100 g de crevettes et de moules cuites et décortiquées
1 filet d'huile d'olive
1 grosse carotte
1 oignon
1 bulbe de fenouil
6 gousses d'ail
4 tomates
1 botte de persil plat
75 cl de vin blanc sec
Sel, poivre
2 cuillerées à soupe de crème épaisse
25 g de beurre

Dans une cocotte, faire revenir à l'huile la carotte, l'oignon et le fenouil épluchés et émincés finement. Ajouter l'ail pelé et écrasé.

Passer les tomates quelques secondes à l'eau bouillante puis dans de l'eau froide. Les peler puis les couper en deux et les presser pour enlever les pépins. Laisser égoutter quelques instants dans une passoire puis hacher grossièrement.

Ajouter dans la cocotte les tomates, le persil haché et les crabes verts préalablement concassés. Mouiller avec 1,5 litre d'eau et le vin. Faire réduire à forte ébullition pendant 1 heure 30 puis passer au chinois. Assaisonner et poursuivre la cuisson une dizaine de minutes à feu moyen.

Ajouter la crème et le beurre. Bien mélanger. Ajouter les coquillages puis verser dans une soupière bien chaude.

Servir sans attendre avec quelques croûtons.

SOUPE DE MOULES

3 kg de moules
3 gousses d'ail
100 g d'échalotes
10 cl d'huile d'olive
Quelques branches de fenouil séché
1 feuille de laurier
50 g de concentré de tomates
2 g de safran
100 g de spaghettis
Sel, poivre du moulin

Gratter et laver les moules. Les faire ouvrir à l'eau façon marinière.

Les retirer et les décortiquer. Filtrer le jus et en garder la moitié.

Éplucher et ciseler les échalotes et l'ail puis les faire revenir dans l'huile d'olive.

Ajouter les moules et faire revenir 5 minutes. Mouiller avec le jus des moules et compléter avec autant d'eau. Poivrer. Mettre le fenouil, la feuille de laurier, le concentré de tomates et le safran. Cuire 10 minutes. Ajouter les spaghettis et cuire encore 10 minutes. (On peut aussi mixer la moitié des moules avant de cuire les pâtes.)

Rectifier l'assaisonnement et retirer la feuille de laurier.

Servir avec éventuellement de la rouille et des croûtons frits à l'huile d'olive.

SOUPE DE MOULES ET DE COQUES*

Faire dégorger les coques dans de l'eau salée pendant 2 heures. Laver les moules et ôter le byssus.

Mettre les fruits de mer dans une casserole et les faire ouvrir à feu vif.

Extraire les mollusques des coquilles et filtrer le jus.

Dans une casserole, faire revenir dans 2 cuillerées à soupe d'huile l'ail, l'oignon, le poireau et l'échalote émincés, ajouter le fumet de poisson, le jus filtré, le céleri et les carottes épluchés et coupés en petits morceaux. Couvrir et laisser cuire 40 minutes à feu doux.

Ajouter la crème fraîche, le safran, les moules et les coques ; laisser encore cuire 2 minutes ; saler et poivrer.

Parsemer de persil ciselé et servir.

500 g de moules
500 g de coques
10 cl de crème fraîche
2 carottes
1 côte de céleri
1 poireau
1 oignon
1 gousse d'ail
1 échalote
1 l de fumet de poisson
1 dose de safran
Persil plat
Huile d'olive
Sel, poivre

SOUPE DE MOULES, POMMES PAILLE ET CRÈME BEAUFORT À L'ANIS

1 kg de moules
300 g de carottes
300 g de navets
300 g de pommes de terre
300 g de courgettes
75 cl de vin blanc sec
1 oignon
4 gousses d'ail
1 cuillerée à soupe de curry
Sel, poivre
Huile de friture
Pour la crème
50 cl de crème fleurette
100 g de Beaufort
1 trait de pastis

Laver et éplucher les carottes, les navets et les pommes de terre. Couper en dés carottes, navets et courgettes. Râper gros les pommes de terre.

Gratter et laver les moules puis les faire ouvrir dans une cocotte en fonte avec 2 verres de vin blanc sec. Les retirer de la cocotte puis les décoquiller. Réserver au frais.

Filtrer le jus au chinois puis le remettre dans la cocotte. Ajouter les carottes, les navets et les courgettes, l'oignon émincé, les gousses d'ail pelées et écrasées, le curry, et mouiller avec le reste de vin et 25 cl d'eau. Assaisonner puis amener à ébullition. Poursuivre la cuisson jusqu'à ce que les légumes soient cuits. Laisser refroidir.

Préparer la crème : prélever 2 louches de bouillon et faire réduire des 2/3 à feu vif dans une casserole. Ajouter la crème, le Beaufort râpé et le pastis. Rectifier l'assaisonnement. Laisser épaissir puis incorporer 1 louche de légumes égouttés.

Ajouter les moules à la soupe de légumes refroidis.

Faire chauffer un bain de friture et y cuire les pommes paille. Bien les égoutter sur du papier absorbant.

Servir la soupe de moules dans de grands bols accompagnée de la sauce anisée au Beaufort en saucière et des pommes paille.

SOUPE DE POISSON AU POIVRON*

800 g de mélange de poissons
350 g de pulpe de tomates
200 g de crevettes
2 poireaux
2 gousses d'ail
1 oignon
1 poivron rouge
1 piment
1,5 l de fumet de poisson
Pain de campagne
Barbe de fenouil ou aneth, thym, laurier
Gruyère râpé
Huile d'olive
Sel, poivre

Nettoyer le poisson, le laver et le couper en morceaux réguliers.

Faire revenir dans 4 cuillerées à soupe d'huile les poireaux, l'oignon et 1 gousse d'ail émincés. Ajouter la pulpe de tomates, le thym, la barbe de fenouil, 1 feuille de laurier et le fumet de poisson. Porter à ébullition et laisser cuire 10 minutes, puis ajouter le poisson et, si nécessaire, de l'eau chaude jusqu'à recouvrir tout juste le niveau. Saler, poivrer et cuire pendant 10 minutes à feu doux.

Émietter la mie d'une tranche de pain et l'ajouter à la soupe. Mixer le poivron avec 1 gousse d'ail, le piment et 2 cuillerées à soupe d'huile. Couper et faire griller 4 tranches de pain.

Passer la soupe, la remettre dans la casserole, ajouter les crevettes et laisser cuire 5 minutes.

Tartiner les tranches de pain grillé de crème de poivron et saupoudrer de gruyère râpé. Servir la soupe accompagnée de croûtons aux poivrons.

SOUPE DE POISSONS DE ROCHE

1,2 kg de poissons de roche
2 oignons
4 tomates mûres
1 gousse d'ail
1 botte de branches de fenouil sec
5 cl de pastis
1 cl d'huile d'olive
2 bonnes pincées de safran
Sel, poivre du moulin
Pour la rouille
1 pomme de terre
2 gousses d'ail
1 pincée de safran
15 cl d'huile d'olive
1 jaune d'œuf

Vider et laver les poissons.

Éplucher et émincer les oignons. Couper les tomates en quatre et les épépiner. Fendre la gousse d'ail en deux.

Dans une grande casserole, faire blondir 10 minutes les oignons et l'ail. Ajouter les poissons, les tomates et le fenouil. Cuire 5 minutes. Flamber au pastis et mouiller avec 1/2 litre d'eau. Mettre la pomme de terre entière et cuire 20 minutes.

Retirer la pomme de terre et les branches de fenouil. Passer le tout au moulin à légumes puis au chinois et réserver au chaud.

Préparer la rouille : écraser la pomme de terre au mortier. Ajouter les 2 gousses d'ail épluchées, la pincée de safran, le jaune d'œuf et monter à l'huile d'olive comme une mayonnaise.

Faire bouillir la soupe. Ajouter le safran et servir en soupière accompagnée de la rouille en saucière et de croûtons dorés, frottés d'ail.

SOUPE PORTUGAISE AUX FRUITS DE MER*

500 g de coques
500 g de praires
500 g de palourdes
250 g de coulis de tomates
120 g de riz
1 oignon
0,5 l de fumet de poisson
Persil, basilic
Huile d'olive
Sel, poivre

Faire dégorger les fruits de mer dans de l'eau salée pendant 2 heures, puis les faire ouvrir à feu vif. Filtrer le fond de cuisson.

Faire cuire le riz dans le fumet de poisson et l'égoutter.

Faire blondir dans 4 cuillerées à soupe d'huile l'oignon émincé. Ajouter le coulis de tomates et quelques feuilles de basilic, couvrir et faire cuire 20 minutes à feu doux.

Ajouter le liquide filtré et les mollusques et laisser cuire 5 autres minutes avant d'ajouter le riz. Saler et poivrer, ajouter du persil et servir.

SPAGHETTIS À LA LANGOUSTE*

400 g de spaghettis
2 langoustes de 300 g chacune
500 g de tomates
1 petit oignon
1 gousse d'ail
Huile d'olive
1 piment
Persil, sel

Faire cuire les langoustes 10 minutes à l'eau bouillante salée.

Les égoutter, les laisser tiédir, ôter les carapaces et les têtes et les vider de leur chair.

Ébouillanter les tomates, les peler, ôter les graines et les couper en dés.

Dans une poêle, faire blondir l'ail et l'oignon émincés dans l'huile, ajouter la chair de langouste coupée en tranches et faire revenir. Ajouter la tomate et le piment, saler et laisser cuire 5 minutes.

Faire cuire les spaghettis *al dente* dans une grande quantité d'eau salée, les égoutter et les assaisonner avec la sauce, en garnissant chaque assiette de brins de persil.

Servir immédiatement.

SPAGHETTIS AUX MOULES*

1 kg de moules
400 g de spaghettis
50 g de coulis de tomates
1 gousse d'ail
Huile d'olive
Sel

Laver et gratter les moules, ôter le byssus. Les mettre dans une poêle et les faire ouvrir à feu vif. Extraire les mollusques de leurs coques et filtrer le fond de cuisson.

Faire revenir l'ail dans 6 cuillerées à soupe d'huile, ajouter le coulis de tomates et le liquide filtré et faire cuire 5 minutes, en ajoutant au besoin un peu d'eau, puis ajouter les mollusques.

Faire cuire les spaghettis *al dente* dans une grande quantité d'eau salée, les égoutter et les napper de sauce.

Servir immédiatement.

SQUILLES AU PERSIL*

800 g de squilles
1 gousse d'ail
Vin blanc sec
Persil
Huile d'olive

Éplucher l'ail, l'émincer puis le faire blondir dans une poêle avec 4 cuillerées à soupe d'huile.

Ajouter les squilles lavées et les faire cuire 5 minutes en remuant de temps en temps.

Mouiller d'un verre de vin, couvir et laisser cuire encore 10 minutes.

Décortiquer les squilles et les dresser sur un plat de service.

Battre le fond de cuisson au fouet avec un bouquet de persil haché.

Arroser les squilles de la sauce au persil et servir.

SQUILLES AUX AROMATES*

Hacher les oignons et l'ail et les faire blondir à la poêle dans 4 cuillerées à soupe d'huile d'olive. Mouiller de 2 dl de bouillon végétal et faire réduire de moitié.

Passer le tout au chinois et ajouter un bouquet de persil ainsi que la barbe de fenouil.

Laver les squilles, les mettre dans un plat et les napper de sauce.

Enfourner un quart d'heure à 180°.

Servir immédiatement.

800 g de squilles
2 oignons
1 gousse d'ail
Huile d'olive
Bouillon végétal
Persil plat
Barbe de fenouil

SUPIONS À LA CATALANE

1 kg de supions (petits calamars)
200 g de poivrons verts et rouges
200 g d'oignons
200 g de tomates
20 cl d'huile d'olive
Sel, poivre
1 bouquet de persil plat

Préparer les supions : retirer la tête et les viscères du corps. Trancher les tentacules juste devant les yeux puis jeter le reste de la tête. Ôter le bec (partie dure au centre des tentacules). Rincer soigneusement l'ensemble sous l'eau froide.

Préparer les légumes : laver et couper en dés les poivrons. Éplucher et ciseler les oignons.

Passer les tomates quelques secondes à l'eau bouillante puis dans l'eau froide. Les peler puis les couper en deux et les presser pour enlever les pépins. Laisser égoutter 1 heure dans une passoire. Couper en dés les tomates.

Faire revenir les poivrons à l'huile d'olive puis ajouter les oignons et les supions. Faire mijoter 10 minutes puis ajouter les tomates et faire cuire de nouveau 10 minutes. Assaisonner.

Servir décoré de persil plat grossièrement haché.

TAGLIATELLES AU SAUMON

400 g de saumon fumé
1 botte d'aneth
40 cl de crème fleurette
400 g de tagliatelles
Sel, poivre du moulin

Hacher l'aneth.

Faire bouillir la crème pour l'épaissir.

Couper le saumon fumé en petits dés et le faire infuser dans la crème. Assaisonner.

Cuire les tagliatelles *al dente* dans de l'eau légèrement salée. Égoutter.

Servir les tagliatelles nappées de crème au saumon et parsemées d'aneth haché.

TAGLIATELLES AUX ARTICHAUTS POIVRADES ET COQUILLAGES

400 g de moules
150 g de langoustines
300 g de praires
4 artichauts violets
20 cl d'huile d'olive
200 g de tomates séchées
400 g de tagliatelles
20 g de basilic
Sel, poivre du moulin

Cuire les artichauts à la vapeur.

Faire revenir les queues de langoustines dans 10 cl d'huile d'olive (5 minutes) puis y ajouter les tomates séchées et laisser cuire de nouveau 5 minutes.

Gratter les moules et les laver avec les praires. Les faire ouvrir à l'eau façon marinière. Les hacher.

Récupérer les fonds d'artichauts et les couper en quartiers.

Cuire les tagliatelles. Égoutter et incorporer 10 cl d'huile d'olive.

Mélanger les tagliatelles, les coquillages, les langoustines, les tomates, les quartiers d'artichauts. Assaisonner et parsemer de basilic haché.

TAGLIATELLES AUX CRUSTACÉS ET À LA SOLE

1 homard de 500 g environ
500 g de crevettes cuites
300 g de filets de sole
3 tomates
Huile d'olive
2 gousses d'ail
1 oignon
4 petits piments doux
1 cuillerée à café de paprika
1 capsule de safran
1 l de fumet de poisson
Sel, poivre
600 g de tagliatelles fraîches

Découper le homard à cru en tronçons sans le retirer de la carapace. Décortiquer les crevettes en leur laissant l'extrémité de la queue. Passer les tomates quelques secondes à l'eau bouillante puis dans de l'eau froide. Les peler puis les couper en deux et les presser pour enlever les pépins. Laisser égoutter quelques instants dans une passoire puis hacher grossièrement.

Dans une grande sauteuse, faire chauffer 5 cuillerées à soupe d'huile d'olive et y faire sauter rapidement l'ail épluché et écrasé. Ajouter l'oignon émincé finement, les morceaux de homard, les crevettes et le poisson détaillé en morceaux. Faire cuire quelques instants en remuant bien.

Ajouter les tomates concassées, les petits piments hachés, le paprika, le safran et le fumet de poisson. Assaisonner puis porter à ébullition.

Ajouter les pâtes. Bien mélanger puis laisser mijoter à feu doux jusqu'à ce qu'elles soient *al dente*. Augmenter le feu à la fin de la cuisson pour réduire le jus éventuel.

Servir sans attendre.

TAGLIATELLES AUX FRUITS DE MER

400 g de supions (petits calamars)
500 g de moules
500 g de coques
200 g de crevettes bouquets
1 filet d'huile d'olive
10 cl de crème fleurette
400 g de tagliatelles
30 g de beurre
Sel, poivre

La veille, dessabler les coques en les faisant tremper dans de l'eau froide salée.

Gratter et laver les moules. Laver les coques. Les cuire façon marinière. Réserver. Passer le jus de cuisson au chinois.

Préparer les supions : retirer la tête et les viscères du corps. Trancher les tentacules juste devant les yeux puis jeter le reste de la tête. Ôter le bec (partie dure au centre des tentacules). Rincer soigneusement l'ensemble sous l'eau froide puis couper en morceaux et faire sauter vivement à l'huile d'olive.

Faire chauffer les bouquets dans le jus de cuisson. Laisser réduire, ajouter les supions sautés puis crémer. Assaisonner.

Cuire les tagliatelles *al dente*. Les égoutter et les beurrer.

Dresser à l'assiette les tagliatelles mélangées aux fruits de mer et décorer de moules et de coques en coquilles.

TAGLIATELLES DE CÉLERI AU PISTOU, AUX MOULES ET AUX COQUES

1 kg de moules
700 g de coques
1,2 kg de céleri-rave
20 cl d'huile d'olive
Pour le pistou
4 gousses d'ail
1 botte de basilic
20 cl d'huile d'olive
Sel, poivre

La veille, faire dessabler les coques dans de l'eau froide.

Éplucher et tailler le céleri en forme de tagliatelles.

Faire le pistou : éplucher l'ail. Laver le basilic. Faire légèrement chauffer 20 cl d'huile d'olive.

1re méthode : écraser l'ail et le basilic au pilon et monter à l'huile d'olive tiède. Assaisonner.

2e méthode : hacher l'ail et le basilic et l'incorporer à l'huile tiède. Assaisonner.

Faire revenir les tagliatelles de céleri dans le reste d'huile d'olive puis cuire à feu doux à couvert en remuant de temps en temps (15 minutes).

Laver et gratter les moules. Ouvrir les moules et les coques (10 minutes) à l'eau chaude façon marinière. Les retirer. En décoquiller 80 % et garder les autres entières pour la décoration.

Mélanger délicatement les tagliatelles, le pistou et les coquillages décortiqués.

Dresser à l'assiette et décorer avec les moules et coques en coquilles.

TAJINE DE POISSONS AUX POIVRONS

300 g de calamars
300 g de lotte
300 g de moules
1 poivron rouge
1 poivron vert
1 cl d'huile d'olive
1 bouquet de thym
Sel, poivre

Préparer les poissons : retirer la tête et les viscères des calamars puis enlever la plume transparente du corps. Trancher les tentacules juste devant les yeux puis jeter le reste de la tête. Couper les nageoires triangulaires puis ôter la peau en tirant dessus (s'aider en passant les doigts dans du sel). Ôter le bec (partie dure au centre des tentacules). Rincer soigneusement la lotte et les calamars sous l'eau froide. Les couper en morceaux. Gratter et laver les moules et les faire ouvrir dans un peu d'eau.

Laver et émincer les poivrons. Les faire revenir dans l'huile d'olive 10 minutes puis ajouter les morceaux de calamars. Cuire encore 10 minutes. Ajouter les morceaux de lotte et poursuivre la cuisson 10 minutes. Assaisonner et parsemer de thym.

Enlever la coquille supérieure des moules et les mélanger à la tajine.

Dresser à l'assiette et servir avec un riz pilaf.

TARTARE DE POISSONS

Hacher les filets de poissons très froids. Assaisonner et émulsionner avec 5 cl d'huile d'olive.

Mélanger le beurre ramolli, l'huile d'olive (5 cl), la pâte d'anchois et le poivre de Cayenne.

Laver et ciseler les herbes et les ajouter.

Servir à l'assiette avec des croûtons frottés d'ail.

400 g de filets de daurade et de saumon
Sel, poivre
10 cl d'huile d'olive
50 g de beurre
1 cuillerée à café de pâte d'anchois
3 pincées de poivre de Cayenne
10 g de persil
10 g de coriandre
1 bouquet de ciboulette
Croûtons
3 gousses d'ail

TARTE DE TAGLIATELLES AUX CREVETTES*

Chemiser un moule à bords hauts de pâte feuilletée. Trouer le fond de tarte en piquant à plusieurs endroits à l'aide d'une fourchette et parsemer de haricots ou de pois chiches secs. Enfourner à 180 °C et laisser cuire un quart d'heure. Défourner et laisser tiédir.

250 g de pâte feuilletée
600 g de crevettes
300 g de tagliatelles
330 g de tomates
15 cl de crème fraîche
20 g de beurre
Cognac
Vin blanc
Persil
Sel, poivre

Pendant ce temps, ébouillanter les crevettes, les décortiquer et les faire sauter à la poêle dans du beurre, en mouillant d'une cuillerée à soupe de cognac, puis d'un demi-verre de vin blanc.

Faire évaporer et ajouter la crème fraîche ; porter à ébullition.

Ébouillanter les tomates, les peler, ôter les graines et couper la chair en dés. Hacher le persil.

Faire cuire les tagliatelles *al dente* dans une grande quantité d'eau salée, puis les accommoder avec la sauce aux crevettes. Saler, poivrer si nécessaire.

Démouler le fond le tarte, ôter les légumes secs et le remplir de tagliatelles. Parsemer la surface de tomates et de persil, puis repasser le plat rapidement au four afin de faire tiédir l'ensemble.

Servir immédiatement.

TAUPE DE MER À L'ÉTOUFFÉE

500 g de taupe de mer
2 citrons jaunes
1 gousse d'ail
2 petits piments rouges
4 grosses tomates
1 oignon
2 échalotes
Huile d'olive
1 bouquet garni
Sel, poivre
1 citron vert

Détailler la taupe de mer en tranches et les faire mariner pendant au moins 1 heure dans un plat creux avec le jus des citrons jaunes, 1/2 gousse d'ail et 1/2 piment haché.

Passer les tomates quelques secondes à l'eau bouillante puis dans l'eau froide. Les peler puis les couper en deux et les presser pour enlever les pépins. Laisser égoutter quelques instants dans une passoire puis hacher grossièrement.

Dans une cocotte en fonte, faire revenir l'oignon, les échalotes et la 1/2 gousse d'ail restante hachés dans un peu d'huile d'olive. Ajouter les tomates concassées, le reste de piments et le bouquet garni. Assaisonner.

Égoutter les tranches de taupe de mer et les faire revenir quelques instants à l'huile d'olive dans une poêle pour leur faire rendre leur eau. Égoutter puis disposer dans la cocotte avec les tomates. Couvrir et laisser cuire à petit feu pendant 20 minutes.

Ajouter un trait de citron vert et servir.

TELLINES À LA DIJONNAISE

2 kg de tellines
1 oignon
1 gousse d'ail
1 verre de vin blanc sec
50 cl de crème épaisse
2 cuillerées à soupe de moutarde en grains
Quelques brins de cerfeuil
Sel, poivre

Gratter et laver les coquillages.

Dans une cocotte en fonte, faire réduire à sec l'ail écrasé et l'oignon émincé avec le vin blanc. Ajouter la crème et laisser épaissir quelques minutes. Passer la sauce au chinois puis la remettre dans la cocotte.

Ajouter la moutarde et les tellines. Bien remuer et cuire 1 minute à couvert.

Assaisonner et parsemer de cerfeuil ciselé.

Servir très chaud.

TERRINE D'ARAIGNÉE DE MER AU CURRY

500 g de chair d'araignée de mer
200 g de filets de rascasse
300 g de filets de merlan
1 feuille de gélatine alimentaire
50 cl de crème fraîche épaisse
1/2 citron
1 petite boîte de concentré de tomates
1 cuillerée à soupe de curry
2 échalotes
Sel, poivre
1 coulis de tomates
Aneth

Mettre la gélatine à tremper dans de l'eau froide puis la préparer selon les instructions de l'emballage.

Faire cuire le merlan et la rascasse dans de l'eau salée.

Dans un saladier, mélanger la chair d'araignée (réserver quelques beaux morceaux), la crème fraîche, le jus de 1/2 citron, le concentré de tomates, le curry, les échalotes hachées finement et la gélatine.

Égoutter puis mixer le poisson avec la préparation précédente. Assaisonner.

Chemiser un moule à cake avec du papier sulfurisé légèrement beurré et y verser le mélange de mousse de poisson en y incorporant les morceaux d'araignée réservés précédemment. Lisser le dessus puis faire reposer au moins 6 heures au réfrigérateur.

Démouler la terrine et servir avec un coulis de tomates relevé et quelques pluches d'aneth.

TERRINE DE SAUMON AUX ASPERGES

300 g de filets de saumon
300 g de fromage blanc battu
50 cl de fumet de poisson
8 grosses asperges
1 cuillerée à soupe de vinaigre de vin
1 cuillerée à café de moutarde
1 cuillerée à soupe d'huile d'olive
50 cl de crème épaisse
Sel, poivre blanc
2 feuilles de gélatine alimentaire
2 cuillerées à soupe de ciboulette hachée
Quelques brins de persil plat

Au moins 2 heures à l'avance, faire égoutter le fromage blanc sur un voile en mousseline dans une passoire.

Verser le fumet dans une casserole. Y plonger les filets de saumon. Porter à ébullition puis laisser frémir 3 minutes. Laisser refroidir le saumon dans le fumet.

Éplucher les asperges puis les cuire à l'eau bouillante légèrement salée. Les égoutter. Trancher les pointes sur 3 cm et détailler le reste des tiges en dés.

Mélanger le vinaigre, la moutarde, l'huile, le fromage blanc et la moitié de la crème. Assaisonner puis fouetter 2 minutes.

Préparer la gélatine comme indiqué sur l'emballage puis l'incorporer au mélange précédent. Ajouter les dés d'asperge, la ciboulette et quelques brins de persil ciselés. Bien mélanger.

Battre le reste de crème fraîche en chantilly et l'ajouter.

Chemiser un moule à cake avec un film plastique ou du papier sulfurisé. Y verser le tiers de la préparation au fromage blanc puis disposer la moitié des filets de saumon. Recouvrir d'un second tiers de préparation au fromage blanc et y enfoncer les pointes d'asperges. Disposer le reste du poisson et terminer par le reste de préparation au fromage blanc. Bien tasser puis couvrir avec du film alimentaire.

Mettre au réfrigérateur toute une nuit. Démouler au moment de servir et saupoudrer de persil ciselé.

Servir avec une vinaigrette relevée ou avec différentes sauces froides.

THON À LA PROVENÇALE

2 tranches de thon
10 cl d'huile d'olive
3 gousses d'ail
2 oignons
1 feuille de laurier
1 kg de tomates concassées
20 g de sucre
Sel, poivre du moulin
1 citron
1 verre de vin blanc (côte-de-provence)
20 g de câpres
40 g d'olives picholines
3 brins de persil plat

Faire revenir les tranches de thon dans 5 cl d'huile d'olive. Réserver.

Dans une casserole, faire suer les oignons et l'ail écrasé dans le reste d'huile d'olive pendant 5 minutes. Ajouter le laurier, les tomates concassées, le jus du citron et le sucre. Assaisonner. Cuire 5 minutes à feu doux.

Mouiller avec le vin blanc et 2 verres d'eau puis mettre les tranches de thon dans la sauce. Faire cuire 20 minutes environ.

Servir les tranches de thon sur la sauce et décorer avec les olives, les câpres et le persil.

THON BLANC FROID AU PAPRIKA ET À LA CIBOULETTE

8 darnes de thon blanc
1 l de fumet de poisson
4 œufs
Quelques feuilles de salade verte
Pour la sauce émulsionnée
1 cuillerée à café de moutarde
Sel, poivre
1 cuillerée à café de paprika
1 filet d'huile
2 cuillerées à soupe de ciboulette hachée

Dans une cocotte en fonte, verser le fumet de poisson et y déposer les darnes de thon. Amener à frémissement et laisser pocher une dizaine de minutes environ (selon l'épaisseur des darnes).

Laisser refroidir dans le fumet puis bien égoutter.

Faire cuire les œufs à l'eau légèrement salée pendant 10 minutes. Les refroidir sous l'eau du robinet puis les écaler. Les écraser finement à la fourchette.

Préparer une émulsion au fouet : mélanger 1 cuillerée à café de moutarde, une pincée de sel, un peu de poivre, le paprika et un filet d'huile. Ajouter la ciboulette ciselée et mélanger.

Dresser le poisson sur le plat de service avec les œufs écrasés, quelques feuilles de salade verte et la sauce émulsionnée.

THON FRAIS
À LA COMPOTE DE LÉGUMES

4 darnes de thon
1 filet d'huile d'olive
1 gousse d'ail
1 oignon
2 tomates
2 courgettes
1 aubergine
1 poivron rouge
1/2 verre de vin blanc sec
Quelques brins d'estragon
Paprika
Sel, poivre

Faire chauffer un filet d'huile dans une sauteuse et y faire revenir l'ail écrasé et l'oignon émincé. Peler et épépiner les tomates puis les détailler en cubes. Émincer les courgettes, l'aubergine et le poivron après en avoir retiré les graines et les membranes internes. Les ajouter dans la sauteuse et mouiller avec le vin. Assaisonner. Laisser cuire 20 minutes à feu doux.

Ajouter les darnes de thon côte à côte et poursuivre la cuisson de 10 à 15 minutes en les retournant à mi-cuisson.

Servir avec quelques brins d'estragon et du paprika.

TIMBALE DE HOMARD ET DE BLETTES*

1 homard de 1 kg
300 g de côtes de blettes
250 g de ricotta
250 g de crème fraîche
3 feuilles de gélatine de poisson
1 poireau
1 citron
Brandy
Sel, poivre

Monder les côtes de blettes, blanchir les feuilles les plus grandes, puis les égoutter sur un torchon. Blanchir le poireau.

Faire cuire le homard 10 minutes à l'eau bouillante, puis inciser la carapace et extraire toute la chair. Remettre la carapace du homard dans 2 dl d'eau de cuisson, couvrir et laisser cuire 15 minutes.

Filtrer le liquide et y faire fondre la gélatine après l'avoir au préalable ramollie dans un peu d'eau froide et bien pressée.

Mixer la chair de homard avec le jus de citron, la quasi-totalité du poireau (réserver quelques feuilles), un trait de brandy, la crème fraîche, la ricotta, la gélatine, le sel et le poivre.

Chemiser un moule avec les feuilles de blettes et de poireaux et verser le mélange à l'intérieur en nivelant bien.

Placer au réfrigérateur pendant au moins 3 heures.

Démouler sur un plat de service et servir.

TOURTE DE CRABE À L'ANTIBOISE

400 g de chair de crabe
100 g de crevettes cuites
250 g de pâte feuilletée
Quelques haricots secs
2 petites courgettes
1 petit oignon
2 noisettes de beurre
1 cuillerée à soupe de pastis
25 cl de crème fraîche
Quelques brins de persil
2 œufs
Sel, poivre

Étaler la pâte feuilletée et en foncer une tourtière. Piquer le fond avec une fourchette puis recouvrir de papier sulfurisé et garnir de haricots secs. Cuire 15 minutes au four à 200 °C (thermostat 6/7).

Pendant ce temps, émincer les courgettes et l'oignon puis les faire revenir 5 minutes au beurre dans une poêle. Bien égoutter et réserver.

Remettre un peu de beurre dans la poêle et y passer rapidement les crevettes décortiquées. Flamber avec le pastis. Retirer du feu puis ajouter la crème, quelques brins de persil ciselés, les œufs battus et le crabe. Assaisonner.

Enlever les haricots secs du fond de tarte et la feuille de papier sulfurisé. Y verser la garniture de crevettes et de crabe. Disposer les courgettes sur le dessus. Enfourner et cuire de 8 à 10 minutes à 240 °C (thermostat 8).

Servir une salade en accompagnement.

TRUITE DE MER À LA MOUTARDE

Faire griller les filets de truite de 2 à 3 minutes sur chaque face avec un filet d'huile. Les disposer dans des assiettes chaudes sur un lit de julienne de légumes.

Déglacer la cuisson avec un trait de cognac. Flamber puis incorporer la crème et la moutarde. Bien mélanger. Rectifier l'assaisonnement. Napper le poisson et servir aussitôt.

Accompagner d'une purée de carottes parfumée à la coriandre.

4 filets de truite de mer
1 filet d'huile d'olive
1 trait de cognac
1 cuillerée à soupe de moutarde
1 cuillerée à soupe de crème
Sel, poivre

TRUITE DE MER EN CROÛTE DE SEL

1 truite de mer de 1,5 kg environ non écaillée
1 cuillerée à café de basilic haché
1 cuillerée à café d'origan haché
1 cuillerée à café de fleur de thym
1 cuillerée à café de persil plat haché
2 feuilles de laurier
Poivre
Pour la pâte à sel
2,5 kg de gros sel de mer
3 œufs

Réaliser une sorte de pâte épaisse avec le gros sel, 3 jaunes d'œufs et 1 blanc ainsi qu'un verre d'eau incorporée progressivement. Bien amalgamer tous les ingrédients puis laisser reposer.

Vider soigneusement la truite de mer mais ne pas l'écailler. La nettoyer consciencieusement sous l'eau froide puis bien l'éponger avec du papier absorbant. Poivrer l'intérieur et y placer les herbes aromatiques en mélange.

Garnir le fond et les bords d'un plat à feu, légèrement plus grand que le poisson, d'une couche de pâte à sel (environ la moitié). Y coucher la truite de mer puis recouvrir de pâte à sel de manière uniforme. Il ne doit pas y avoir de manque ni de surépaisseur et la coque doit être hermétique.

Préchauffer le four à 200 °C (thermostat 6/7) et faire cuire 45 minutes.

Casser la croûte de sel pour servir les filets sans la peau. Accompagner d'un simple filet de citron ou d'une sauce plus élaborée.

TRUITES AU RAISIN

4 truites de mer
250 g de raisin blanc
50 cl de fumet de poisson
20 cl de vin blanc
Sel, poivre
20 g de beurre
20 cl de crème fleurette
1 botte d'aneth

Habiller les truites : les écailler, les vider puis les rincer. Les réserver au frais.

Laver et éplucher 150 g de raisin blanc.

Dans une poissonnière, mettre le fumet, le vin blanc, 100 g de grains de raisin non épluchés. Assaisonner puis faire pocher les truites pendant 15 minutes.

Pendant ce temps, faire sauter les grains de raisin restants épluchés dans le beurre (10 minutes). Réserver.

Retirer délicatement les truites et les maintenir au chaud. Passer le bouillon au chinois en foulant (presser avec une louche). Faire réduire aux 2/3 puis crémer et laisser épaissir. Assaisonner.

Dresser 1 truite par assiette. Napper de sauce et parsemer de grains de raisin cuits. Décorer de brins d'aneth.

TURBOT AU BEURRE BLANC ET À LA FONDUE DE POIREAUX

4 beaux filets de turbot
75 g de beurre demi-sel
800 g de blancs de poireaux
1 l de fumet de poisson
Pour le beurre blanc
4 échalotes
10 cl de vinaigre
1 cuillerée à soupe de crème épaisse
175 g de beurre demi-sel
Sel, poivre blanc

Dans une cocotte, faire fondre 75 g de beurre. Y mettre à fondre à couvert les blancs de poireaux détaillés en rondelles avec 10 cl d'eau et une pincée de poivre.

Réchauffer le fumet dans une casserole. Disposer le poisson à plat dans une sauteuse et couvrir avec le fumet de poisson frémissant. Faire pocher sans bouillir pendant 7 ou 8 minutes selon la grosseur des filets. Réserver au chaud dans le bouillon hors du feu.

Préparer le beurre blanc : pendant ce temps, dans une petite casserole, mettre les échalotes hachées, le vinaigre et 2 cuillerées à soupe de fumet. Faire réduire des 2/3 puis ajouter 1 cuillerée à soupe de crème. Laisser épaissir à gros bouillons puis mettre le feu au minimum et incorporer en une seule fois 175 g de beurre très froid en petits morceaux. Battre vigoureusement au fouet jusqu'à obtention d'un mélange onctueux. Pendant l'opération, ajouter quelques gouttes d'eau froide en continuant de battre si le mélange menace de tourner. Rectifier l'assaisonnement et réserver au chaud au bain-marie.

Dresser le poisson sur assiettes et napper de sauce. Présenter l'éventuel excédent en saucière. Accompagner de la fondue de poireaux.

TURBOT EN FILETS, SAUCE PAIN D'ÉPICE

4 filets de turbot
2 carottes
1 noix de beurre
1 filet d'huile d'olive
1/2 cuillerée à café de cumin
1/2 cuillerée à café de graines de coriandre
Quelques baies roses
Vinaigre balsamique
10 cl de fumet de poisson
1 pointe de muscade
1 tranche de pain d'épice
1 cuillerée à café de miel
1 cuillerée à soupe de crème épaisse
Sel, poivre

Éplucher les carottes. Les laver puis les râper. Les blanchir quelques minutes à l'eau bouillante puis les passer au beurre dans une poêle.

Faire chauffer un peu d'huile dans une poêle et y faire chauffer le cumin, quelques baies roses et la coriandre broyés. Cuire les filets de 2 à 3 minutes côté peau puis les réserver au chaud.

Déglacer la cuisson avec un trait de vinaigre balsamique. Ajouter le fumet de poisson, une pointe de muscade râpée, le miel et le pain d'épice émietté finement. Faire réduire quelques instants puis crémer. Donner un bouillon pour épaissir. Rectifier l'assaisonnement.

Dresser sur assiettes le poisson avec les carottes poêlées et un peu de sauce.

VELOUTÉ GLACÉ DE COURGETTES AUX LANGOUSTINES

12 langoustines cuites décortiquées
3 petites courgettes
1 oignon blanc
1 gousse d'ail
1 citron jaune
1 citron vert
3 cuillerées à soupe d'huile d'olive
2 cuillerées à soupe de pastis
Sel, poivre
5 brins de coriandre frais
Tabasco
1/2 oignon rouge
1/2 poivron rouge

Laver, peler et essuyer les courgettes. Les épépiner puis mixer très finement avec l'oignon blanc, l'ail, la moitié du jus des citrons, l'huile, le pastis, sel et poivre. Ajouter 3 brins de coriandre et allonger le mélange avec de l'eau de source (30 à 40 cl environ selon la consistance). Réfrigérer de 3 à 4 heures.

Dans la demi-heure qui précède le service, fendre les langoustines dans la longueur et arroser avec le reste du jus des citrons et quelques gouttes de Tabasco, puis réserver au frais. Émincer le poivron et l'oignon rouges en fines lamelles.

Rectifier l'assaisonnement du velouté.

Présenter dans une soupière posée sur un lit de glace pilée. Disposer à la surface les langoustines, les lamelles de poivron et d'oignon et le reste de coriandre ciselée.

Entrées

PLATS PRINCIPAUX

PLATS UNIQUES

Achevé d'imprimer en septembre 2002
à Milan, Italie,
sur les presses de Grafiche Milani

Dépôt légal : septembre 2002
Numéro d'éditeur : 7682